中原名师出版工程
ZHONGYUAN MINGSHI CHUBAN GONGCHENG
教育思想与实践系列

名师的起跑线

做好『明师』的五项修炼

刘忠伟 著

中原出版传媒集团
中原传媒股份公司

大象出版社
·郑州·

图书在版编目(CIP)数据

名师的起跑线：做好“明师”的五项修炼 / 刘忠伟著. — 郑州：大象出版社，2018. 9（2021. 2 重印）
（中原名师出版工程）
ISBN 978-7-5347-9914-3

Ⅰ. ①名… Ⅱ. ①刘… Ⅲ. ①师资培养-研究 Ⅳ. ①G451. 2

中国版本图书馆 CIP 数据核字(2018)第 197511 号

名师的起跑线

——做好“明师”的五项修炼

刘忠伟 著

出 版 人 汪林中
责任编辑 张 欣 张 阳
责任校对 钟 骄

出版发行 大象出版社(郑州市郑东新区祥盛街 27 号 邮政编码 450016)
发行科 0371-63863551 总编室 0371-65597936
网 址 www.daxiang.cn
印 刷 新乡市豫北印务有限公司
经 销 各地新华书店经销
开 本 787 mm×1092 mm 1/16
印 张 12.25
字 数 144 千字
版 次 2018 年 9 月第 1 版 2021 年 2 月第 2 次印刷
定 价 30.00 元

印厂地址 新乡县翟坡镇兴宁村
邮政编码 453000 电话 0373-5635065

“中原名师出版工程”

编　委　会

总 序

对于一个优秀教师来说，将自己对教育教学的思考在写作中表达出来，是非常自然的一件事。正如玛格丽特·杜拉斯在《写作》中说的："写作像风一样吹过来，赤裸裸的，它是墨水，是笔头的东西，它和生活中的其他东西不一样，仅此而已，除了生活以外。"杜拉斯把自己的写作区别于日常生活中具体的事物，而将其看作生活本身。我十分认同这样的说法。从许多优秀教师的成长经历来看，教育写作就是教育生活本身。当我们学会了把教育生活中的各种场景纳入自己的视野，融入自己的思考，通过写作诚实地记录下来，我们就找到了一条属于自己的专业发展之路。

正是看到了教育写作在教师专业发展中的重要意义，河南省教育厅与浙江师范大学启动了"中原名师教育写作出版计划"。河南是我国的教育大省，有一大批非常优秀的教师逐渐崭露头角，而"中原名师"是其中的佼佼者，他们在各自的学校和不同的教育教学领域取得了一定的成绩，及时总结、提炼、展示、推广他们的研究成果非常必要。我和张文质老师被聘请为"中原名师教育写作出版计划"的首席写作导师，肩负指导"中原名师"写作、出版教育教学专著的重任。这可能也是目前国内唯一旨在帮助优秀教师实现教育教学专著出版的省级培训项目，开辟了教师培训内容与形式的崭新领域，具有开创性意义。经过近两年的艰苦努力，目前这项计划终于迎来了阶段性成果：弯丽君等第一批9位“中原名师”的12本教育教学专著即将正式出版。从书稿情况来看，选题、内容可谓多样：既有学科教学方面的，也有班级管理方面的；既有比较严谨的学术论著，也有可读性较强的教育教学随笔；既有义务教育阶段的，也有幼儿、高中阶段的。另外，还有计划第二批出版的书稿正在整理之中。

捧读这些沉甸甸的书稿，我心中充满感慨。

我想到了每一位作者的面庞，看到了那些闪亮的眼神。大家都非常清楚，对于一个渴望成长、追求专业发展的教师来说，教育写作是自我提高的一条基本路径。教育写作能清晰地记录一个教师专业成长的轨迹。教师可以在写作的过程中不断审视、反思自我，不断积累、总结与提炼，无论是初尝成功的经验，还是尝试摸索中的所谓教训，都是十分宝贵的财富。苏霍姆林斯基曾鼓励教师每天都写教育日记（也就是我们常说的“教育叙事”），认为这样的写作具有重大价值：“凡是引起你的注意的，甚至引起你一些模糊的猜想的每一个事实，你都把它记入记事簿里。积累事实，善于从具体事物中看出共性的东西——这是一种智力基础，有了这个基础，就必然会有那么一个时刻，你会顿然醒悟，那长久躲闪着你的真理的实质，会突然在你面前打开。”这些“中原名师”正是通过写作将自己日常教育教学的点点滴滴慢慢积累起来的，而实施“中原名师教育写作出版计划”就是为了帮助他们打开真理之门。

我还想到了每本书稿选题的艰难，想到了那些为了确立书稿选题所经历的热烈讨论，既有面对面的沟通，也有无数次邮件、短信与电话往来。由于每一位作者所在的区域不同，所教学段、学科不同，研究基础、研究方向也各不一样，如何将那些最有价值的研究成果梳理、提炼出来，并形成相对集中的研究主题以专著的形式呈现，是我和张文质老师以及每一位作者需要面对的挑战。沟通、选择的过程非常重要，也非常辛苦。这主要是由于各位作者在实践层面的经验、成果内容非常多样造成的：往往一个教师提供的同一本书稿，在内容上既有学科教学方面的，也有班级管理方面的，甚至还有其他学科领域的，这固然反映了一线教师工作繁杂多面的实际情况，但对于专著出版来说，主题不够突出无疑是大忌，也会遮蔽那些更有价值、更值得推广的内容。经过半年多的反复讨论，第一批“中原名师”作者如弯丽君、李阿慧、徐艳霞、李桂荣、孟红梅等老师，首先确定了选题，开启了教育写作之路；而另一批作者如刘忠伟老师则更改了选题，另起炉灶，毅然开启了新的写作计划，这其中的勇气也让人深为佩服。

当然，我也想到了每一位作者所经历的艰苦的写作过程。由于绝大多数老师积累的文稿是基于实践经验，致使有些内容在学理上存在问题，论述、论据都不够严谨，容易引起歧义；也有些内容所呈现的研究过程与研究成果不够完整，材料繁杂、枝蔓较多，如何去芜存菁留下最有价值的东西，如何修改、完善那些不够成熟的地方，也是摆在每一位作者面前的挑战。值得指出的是，对文稿不断修改、完善的过程虽然艰苦，但其实是非常宝贵的研究经历——看似是教育写作的过程，其实又是学术研究的过程，写作本身成为思维与学术的双重训练，成为提炼教育教学理念、凸显教育教学风格的基本路径。如韩秀清、董文华、王海东、李桂荣等几位老师，正是经历了这样的写作和研究过程，他们最终创作出很有价值的作品。如果说在专著出版之前，这些老师的教育教学风格还不够鲜明，尚未在更大的范围内得到认可，那么我相信，专著的公开出版，将有力地促进他们教育教学成果以及个人教育教学风格的传播与推广，塑造"中原名师"更加美好、专业的形象，成为河南教师乃至全国教师的偶像。而这，也是河南省教育厅与浙江师范大学决定实施该项教育写作出版计划的重要目的之一。

对于各位作者而言，他们没有辜负岁月，岁月也没有辜负他们。

对于导师而言，能够参与这个项目，帮助各位作者，是充满欣慰的，甚至超过了自己出书时的喜悦。

感谢各位读者，如果您翻开这些书，您会看到有那么一些人，是如何执拗地表达着对岁月和信仰的敬意。

闫　学

2018 年 8 月 18 日于杭州

自 序

名师之名，名在“明”师，意思是说，名师的核心不在“名”，而在“明”。明师，顾名思义，就是贤明的教师。在对梦想的追求、成长的思考、思想的梳理、智慧的表达、艺术的诠释等方面，明师能独树一帜，但绝不哗众取宠，绝不为名所累。明师的“大彻大悟”，会使他在教育生涯中发光发热，照亮自己，影响他人。

明师究竟是怎样的教师？明师究竟明在何处？

一是明理。明师在理上通达。他不仅明察事理、知晓道理、追求真理，而且懂得成长之规律，明白成长始末的道理。明理之中，他对问题不仅想得透彻、想得深邃，而且能找到发展的途径，助推成长从原点走向远点。

二是明智。明师因智而明，因智生慧。睿智的观察、明确的态度、敏锐的判断是明师的基本功。明师对教育有远见，懂课堂，懂学生，更懂自己，能站在高山之巅，明确发展理念，明白发展方向，明晰发展道路。这样的明智过程，建立起的是一套睿智的辨识体系，“会当凌绝顶，一览众山小”，用智慧点亮未来，用光明照亮前方。

三是明辨。明师能够明辨是非。在各种教育现象中，明师拥有一双“火眼金睛”，无论是发展方向之辨、教育理念之辨、课堂教学之辨，还是教育现象之辨……他都能明晰地审视、明确地辨析，在辨中梳理思路，看清现象和本质，用个性化的见解凝练出教育思想。

四是明术。明师因术而明。他在课堂上有方法，在教学中有能力，技能精湛，学识高深，风格独特，特色鲜明，能真正发挥才能，做到因材施教。明术，就是具有系统化的专业水准，不仅精通教育之术，而且熟悉学术之道。独特的教学风格、丰厚的学术功底、强烈的科研意识、科学的质疑精神……这些都是明术之师的显著特征。明师的学术，就是在不断修炼中提升的，这样的过程既是自我不断完善的过程，也是学术理论体系构建的过程。

五是明思。明师一定能用笔记录下自己成长的历程，不管是教育故事，还是课堂案例，都能通过文字对教学进行深入的思索，找准问题症结所在。明师因思而变，因思求变，发现一个个问题，攻克一个个难题，掌握反思技巧，具备反思意识，形成反思能力，善于提炼，勤于总结，找准教育前行的路。

不难发现，明师不同于名师，名师未必就是明师。“明”与“名”虽只有一字之差，内涵却相差甚远。要成为明师，路径有很多种，方式也很多元，但首要的是成为实干家。再多的想法，再多的理论，再多的经验，最终都要落实到教学实践中。

明师是在摸爬滚打中成熟起来的，空想无济于事。这条路，可能布满荆棘，路途遥远，但只要有一种信念，即一定要成为身边人中的大家，成为推动区域教育发展的关键人物，成为学生心中的教育“大咖”，就一定会达到目的。

明师要学会不断清零，享受成长过程。负重不能远行，无论身处怎样的平台，站位有多高，成绩多突出，都要学会适当清零。清零，是对浅层次的舍弃，是对高标准的容纳。清零，意味着去掉束缚成长的枷锁，让素养储备得更丰富，不忘初心，时刻充满激情，更好地实现再出发。

明师要学会看淡名，让心灵自由而轻灵。“壁立千仞，无欲则刚”，明师不会在乎是否具有名师的荣誉称号，不会为名所困。不论名望有多高、名气有多大，明师能看淡名，善于放下名，懂得成长才是真谛，其他都是浮云。

成为明师的过程，虽不简单，但也不太复杂。要坚持向着梦想不断前行，要知道过程比结果重要得多，要始终相信风景在路上，享受成为明师的过程，相信这一路一定是花团锦簇。

未来的明师之路很远，也很长，愿与有梦想的你们同行，向着梦想的彼岸出发！

刘忠伟

2018 年 6 月 10 日

目 录
CONTENTS

修炼一

明理之师，从原点走向远点

《大学》讲："知止而后有定，定而后能静，静而后能安，安而后能虑，虑而后能得。物有本末，事有终始，知所先后，则近道矣。"对于成长来说，也是如此，"定、静、安、虑"后才有"得"，明白成长始末的道理，才能接近事物的发展规律。

真正的明师，不在于名气的大小，不在于影响力的范围，更不在于地位的高低，而在于不断明白专业成长的道理，明察事件背后的道理……这样的明理过程，就是用发展的眼光看待教育、看待成长。

明白专业成长的道理，是教师再发展的起点。主动成长，决定着教师的发展高度，是对教师专业成长意识的唤醒。主动成长之路，是教育生命觉醒的过程，一次次的觉醒带来了一次次的改变，带来了成长的无限动力，有助于教师走出自发状态。这样的成长，从被动到主动，从自然到自觉，不断实现跨越式发展。

明察事件背后的道理，才能站得更高，望得更远，目标更明确，思路更清晰，路径更多元。走向优秀是不断攀升的过程，是从一个高峰走向另外一个高峰的过程。通过一次次明察事件背后的道理，会产生更清晰的方向感。

在发展过程中，每个人的成长道路都不尽相同，会遇到许多“重要他人”，会经历许多“重要他事”。

用心寻找，总能给自己找到一个看得见的“成长偶像”，然后以偶像为榜样，定一个明确的目标，向着这个目标，茁壮地成长。

“重要他人”固然重要，“重要他事”也不可或缺，在事情发展的背后，更要懂得重要事件给成长带来的触动，让这些“小触动”一点一滴地累积，合成一个幸福的“大惊喜”，成为一个可以实现的“大感动”。这些感动能把人的心理、精神调节到年轻状态，使教师成为精神世界阳光灿烂的人。

由此想来，明师的实践型教育家之路并不遥远。明理的教师对教育情怀、教育理想、教育智慧都有着别样的诠释，在明理的过程中不断变得通达，在专业发展上往往能够做出更加睿智的选择，更容易行走在理论探索和实践研究的路上。他们不仅会成为一名实践者，更会成为一名思想者，在一步步走向成功的同时，逐渐从平凡走向优秀，逐步实现从普通教师到实践型教育家的蜕变。

在明师成长之路上，教师要不断追问：为何要明理？要明什么理？怎么去明理？这三个本源性的追问，是对发展之路进行的最深入的思考。这样的思考，从某种层面来说，是回归了最初的梦想，无论未来的路走得多远，都守望着教育的初心。

做教育初心的守望者

在网络上看到一则消息：某市教育局下发禁止教职工从事微商等营利性活动的通知，要求当地教职工及时自查自纠，整改这些行为。通知下发后，一石激起千层浪，引起了网络大讨论。

对于很多人来说，早已习惯了手机的陪伴，于是不少做微商的人根据用户用手机的习惯，一天多次在朋友圈中发广告，无论是起床后还是休息时，广告无处不在，可谓做到了无缝隙覆盖。

微商无处不在，各种商品充斥朋友圈，各种售卖，各种推销，在朋友圈刷屏，有些教师也心动起来。曾经有一位教师朋友做微商卖化妆品，每天从早到晚都在朋友圈推销商品。教师做微商，难免有瓜田李下之嫌，给家长造成了压力，使得一些家长左右为难，捧场不是，不捧场也不是。

我想，不妨回到教育的原点来思考微商背后的问题。如果一名教师坚守初心，把教育做成自己毕生的事业，静心做教育，将精力全部用在教学上，自然会心无旁骛地追求下去，自然会创造自己的教育世界，绝不会轻易选择其他道路，更没有精力投入到其他不相关的活动中。

我们处在快速发展的社会大环境中，难免遇到各种现象和各种诱惑。然而，我们有理由相信，一名有教育梦想、教育情怀的教师，无论在怎样的环境中，受怎样的影响，都不会改变教育的初衷，都不会受困于纷繁的世界，都能做出正确的判断和选择，守住最朴素、最本真的教育初心。

“有那么一群小孩在一大块麦田里做游戏……而我就站在那奇高无比的悬崖边。我的职责是站在那里守望，要是有哪个孩子往悬崖边奔来，我就把他捉住。”这是美国作家塞林格写在《麦田里的守望者》中的话，这也是我的梦想！陪着孩子慢慢长大，就是守住了最纯真的教育梦。

我们都应该成为“麦田里的守望者”，保持最初的一念之本，保持教育的本心、童心、真心，知道自己是谁，自己在哪里，自己追求什么。

在交流中，总有教师问我相同的问题：“作为中原名师，您还带班上课吗?”有教师还对我说：“有很多名师，经常上指导课，偶尔会上示范课，但是带班的很少。名师的作用就是示范、引领，不一定要坚守课堂，课堂教学应该是普通教师的事情。”

名师也是一名教师，上课应该是教师的基本工作，却为何总有人问这样的问题？这背后说明有些名师已经脱离了课堂，离课堂越来越远了。

黎巴嫩诗人纪伯伦说过：“我们已经走得太远，以至于忘记了自己为什么而出发。”仔细思量，教师成长也一样，走得太快了，成为名师了，可能就会忘记最初的目标，需要停下脚步，回望初心。

远离课堂、远离学生可能是一部分名师的选择。成为名师之前，很多教师都有一段奋斗的历程，他们的课堂教学肯定在地方有一定的影响力，可谓实至名归。成为名师之后，对于一部分教师来说，名师就成为称号和荣誉，就不再在课堂的主阵地上投入精力。慢慢地，一部分名师回归普通，从优秀又走向平庸，变得徒有虚名。

在我看来，无论是普通教师还是名师，在本质上没有根本的区别，二者都是“师”。既然是教师，主阵地永远是课堂，无论是学科教研员，还是指导学科教学的学校管理者，课堂必须是工作的核心和根本。

名师想发挥更大的影响力，就需要在课堂教学方面有独到之处，课堂才是教师智慧产生的源头活水。远离课堂，就远离了教育的魂；远离学生，就失去了教育的根。

在课堂的世界中探索，就会发现教育之路无限宽广。每一名教师，都应该站在理论的高度，站在学生的立场，用学生的情怀、学生的思维、学生的素材完成对课堂教学的创新。教师只有在课堂中摸爬滚打，才有机会精益求精，才能不断发现真问题，找寻真办法，探讨真思路，形成真风格，练就真本领。师生在愉悦的氛围中实现教与学的和谐统一，何尝不是教师最本真的追求？

守望初心，看似并不遥远，然而“非淡泊无以明志，非宁静无以致远”。要有定力，让自己静下心来；要持一颗平常心，自觉过滤干扰信息；要有恒心，能面对各种挫折的冲击；要沉下心去，远离浮躁，给自己的发展营造成长空间。

每一个人都会遇到很多选择的机会，也会做出很多的抉择。能否守住你的初心，完全取决于你自己。我曾经对自己的发展之路也做过类似的抉择。

2014 年，我在“中原名师”评选活动中获得全省小学组第一名，成为别人眼中的“塔尖教师”。成为“中原名师”后，我带团队、做管理、发挥引领作用，工作越发忙碌，时间越发紧张，很多人都建议我放弃带班上课，一方面减少自己的工作压力，另一方面也有助于自己继续成长。

大家的建议反而让我有了更大的压力。如果脱离课堂，那么教育灵感从哪儿来？如果远离学生，那么自己的内心还能否感受到充实和丰盈？我始终不忘初心，我喜欢课堂，不能远离课堂。于是，我选择了坚守在课堂一线，只有陪着学生，才能让自己的心灵充实，守住自己的精神世界。

我不仅坚持带班，还连续四年坚持每周在本科院校给大学生上课。从小学生的课到大学生的课，我在一次次“归零”中整装再出发，守望课堂，守望学生，守望课程。在自己的一片小天地中，我把自己对教育自主性的认知、对教育必要性的思考，落实在一方净土之中，没有刻意地展示才华，也没有做作的表演，而是用自然的课堂，智慧地促进学生成长。

我相信经过日复一日、年复一年的积累，定能实现从量到质的飞跃。我相信，守望初心，是对学生最大的负责！

“学校犹水也，师生犹鱼也，其行动犹游泳也，大鱼前导，小鱼尾随，是从游也，从游既久，其濡染观摩之效，自不求而至，不为而成。”清华大学前校长梅贻琦的话给了我很多的启示。在学生的成长过程中，教师的行为和思想，尤其是一些细节，对学生的影响往往很大。浮躁之风也是会传染的，如果教师在不经意间把浮躁之风带给学生，就会发现自己越来越看不懂学生的内心。守住初心，就是远离浮躁，让自己的内心静下来。

做教育初心的守望者，就是回归最初的梦想，用教师的梦想点亮学生灿烂的未来，让教育生活不因岁月的冲刷而斑驳失色！

成长的关键在于自我觉醒

对于很多教师来说，成为一名有影响力、有声望、有名气的教师，是内心的渴望，是梦想，是追求。名师能够在更高的平台寻求更大的发展，更好地实现人生价值。所以，大部分教师都渴望成为名师，期盼成为引领者，在更大的范围内发挥影响力，也就变得不难理解了。

在每个地区，都有相对有影响力的名师群体，他们是区域教育的品牌和支柱。各地教育部门对名师的培养方式可谓多种多样，综观全国，总能看到别出心裁的培养方式。行政部门对名师培训的支持，出发点和归宿都只有一个，就是为了培养更多的“种子教师”，助推区域教师的专业发展。

对教师的专业发展来说，行政的助推力是至关重要的，但绝不是起决定作用的。一段时间以来，大家都在讨论一个话题：名师是打造出来的吗?

我认为，行政推动和专家引领这些终究是外因。决定一名教师发展高度的核心因素，是专业成长意识的自我觉醒，这也是促进教师专业成长的内因。教师的真正成长，不仅仅是依靠行政推动的被动成长，更重要的是自我成长意识被唤醒后自发、主动地成长。从被动到主动，从自然到自觉，实现了跨越式发展。

德国教育学家斯普朗格说过：“教育的最终目的不是传授已有的东西，而是要把人的创造力量诱导出来，将生命感、价值感唤醒。”

成长的目的是促进人的发展，人发展的前提是自我觉醒，自我觉醒的核心就是自觉意识。

从哲学角度来看，自觉意识是自我发现、外在创新下的自我解放意识，是一种高质量、高层次、高水平的内省。是否具有自觉意识，能否在理性认识的指导下发挥主观能动性，自发参与各种活动，实现专业的自觉成长，可以作为判断教师是否积极向上成长的重要标志。

没有自觉意识的成长，就不能激发内在的成长需求，更不容易成为最好的自我。“重要他人”“重要他事”固然重要，但“千里马常有，而伯乐不常有”。不能过分希望“伯乐”时刻在你的身边，更不能守株待兔式地等待“伯乐”的出现。

强调自我觉醒和自觉意识，就是希望每一位教师都能成为自己的“伯乐”，从而发现自己、提升自己，让主动发展成为成长的常态。当每个人都有自觉的潜能，具有强烈的发展意识时，就具备了自我超越的意识，在广阔的发展天地里就会获得无限成长的能量。

对于成长之路，仁者见仁，智者见智，而且每个人的成长之路各不相同。成长之路纵有千万条，成长的核心只有自我觉醒。

老子曰：“道生一，一生二，二生三，三生万物。”自我觉醒，就是道中的“一”。无论是学科专业素养、教育教学思想的提升，还是教育教学能力的增强，一切都建立在自我觉醒的基础上。没有自我觉醒，没有主动发展，所有的成长都是空谈。

苏霍姆林斯基说过：“真正的教育是自我教育。”唯有自我觉醒者，才能充分发挥自己的能量，感受成长的美好，体验生命的美妙。

自我觉醒，可能是经历重要事件后的顿悟，可能是经过高人点拨后的领悟，也有可能是自我成长过程中的突破，更有可能是失败后的醒悟。自我觉醒，无论是偶然得之，还是必然结果，都是一种获得，都是一种幸福，这种幸福是镶嵌在生命深处的异常耀眼的诗意光辉。

在成长的道路上，我经历了三次觉醒：

第一次觉醒是在省级骨干教师培训中，那一次我明白了外边的世界有多精彩。我要成长，成为像培训中“讲课教师”“做报告的教师”那样的教师，这就是我最初的愿望。虽然我不是名师，但是我要向名师靠拢；虽然我不是专家，但是我要向专家学习。觉醒后，我给自己制订了严苛的成长计划，处处开始以名师的标准来要求自己。

第二次觉醒是在2010年。那一年，我被评为河南“最具成长力教师”和“河南省名师”。在经历了教师专业成长中的迷茫、震撼与痛苦后，我也享受到成长带来的喜悦。获得了名师的称号，貌似已经实现了原来的目标，但怎样做才无愧于这个荣誉称号，成了我当时最大的困惑。无形之中，我感觉到了自己与他人的差距，更感觉到了自己身上担负的责任。正是在不断思索中，我又一次觉醒：我要成为理想中的自己。我描绘了专业发展蓝图，并不断设立新的目标，名师之路越来越清晰。

第三次觉醒经历了两年。2014年，我被评为“中原名师”，2016年又被评为“河南教育新闻人物”。这一次，我发现了自己的渺小，认识到我与全国知名教育专家之间的差距。

可以说，没有获得荣誉后的一次次觉醒，就没有我现在更大的进步和发展。正是一次又一次的觉醒，助推我一步步地前行，给了我超越自我的信心和力量。

人们建造庙宇或殿堂，总希望将其建成传世之作。德国的科隆大教堂，建筑耗时超过600年，克服了许多困难，在建筑规模和装饰艺术方面均胜过它之前所有的哥特式建筑，因而成为世界著名的教堂之一。

自我觉醒也是这样，要搭筑起自己的精神殿堂，需经得起磨砺，经得起困难，经得起失败，要有长久的规划，要有行动，才有可能铸就辉煌，成就经典。

自我觉醒不能是一时的，需要有恒久的动力，保持觉醒的状态。成长的过程漫长、坎坷，不会一蹴而就。成长的过程犹如登山，道路曲折，布满荆棘，随时都面临着磨难和考验。我们要不断提醒自己，不断积聚能量，只有这样，才会有“会当凌绝顶，一览众山小”的眼界，才能饱览山顶美丽的风光。

成长的不同阶段可能有不同的特征，觉醒可能随着阶段的变化而变化，我们不仅要适应变化，更要要求变化，在一次次觉醒中体验成长，体会人生。

北京市十一学校校长李希贵曾经谈到，他去澳大利亚访问的时候，遇到北京市十一学校的学子。那位学子羞涩地告诉他，自己毕业几年了，却不好意思回到母校，因为自己未能实现高中确立的目标，无颜见老师。李希贵认为他太重视眼前的目标了，鼓励他放眼于宏大的人生目标。对于教师来说，道理是一样的，教师不应该拘泥于当下，而要有长远的目标，只有这样，自我觉醒才更有意义和价值。教师要有大视野、大智慧，更要有高境界，这样才能成就一番大事业。

教师的自我觉醒是其专业发展的开始和源头。对于教师来说，成长不在于学校提供了什么样的平台，不在于自己身处怎样的环境，而在于自己是否愿意成长，是否有专业发展的欲望。成长无关起点，只要愿意，随时可以出发，并一直行走在路上。

有这样一种说法：谁也叫不醒一个装睡的人。成长的觉醒，关键在于自我。这不仅考验品格，更考验意志。成长就如同一场人生的马拉松，你可以始终是跟随者，也可以是领跑者，但要想取得最终的成功，不仅需要你有较强的能力，更需要你悟出决胜的关键，并为此付出努力。

尼采说："如果这世界上真有奇迹，那只是努力的另一个名字。"教师的自我觉醒，就是奇迹的开始！

成长需要心灵的触动

在绘本故事《犟龟》中，一只意志坚定、不达目标不罢休的乌龟陶陶，为了追寻理想，不顾冷嘲热讽，不留恋热情的挽留，不在乎不屑一顾的眼神……凭着自信和韧劲，克服困难，经受考验，为实现自己的梦想执着前行。虽然乌龟陶陶错过了狮王二十八世的婚礼，但是赶上了另外一场更加盛大的庆典——狮王二十九世的婚礼。

人生的路，一步步，每一步都算数。永不言弃，总有实现梦想的一天。上了路，只要不停地走，总会实现梦想，总会找到属于自己的人生。这是这个故事最能触动心灵的地方。

心灵的触动，从来都不缺乏。记得我在学生时代，被老师和家长“宠爱”，每一次进步，我都会收到一份奖品或一张奖状，时至今日想起来，我仍激动不已。那些难忘的瞬间，那些奖品和奖状，唤醒了我拼搏的潜能，影响了我的一生。

为人师，经历过感动，才更懂得如何把触动融入学生的生活中，总会在不经意间，唤醒成长，触动心灵。

受中央电视台《星光大道》栏目的启发，我突发奇想：何不在班级中举行“星光大道”活动，让班级中的每一名学生都“秀”出自己的风采，讲出自己的故事，让班级的“星光大道”成为学生成长的大舞台，让学生认识到不管是谁，只要努力，都可以成为班级的主角。

于是每个月一次的班级“星光大道”活动，使学生兴奋起来。

虽说我们的“星光大道”朴素，朴素得只是一条过道，但它是学生心目中的“梦想大道”。走上“星光大道”的学生，如同明星一般被大家羡慕。“星光大道”成了学生最向往的通向梦想的舞台。一时间能不能走“星光大道”，成了他们津津乐道的话题。

一个简单的创意，触动了很多学生的心灵。用他们的话说：“这种触动带来了喜悦，正因为这种喜悦，才有了后来的自信，才取得了更好的成绩，才有了更大的进步……”

触动学生心灵之余，不难发现，我们的内心也会时不时地闪现出一种渴望，希望被触动。也许是一次有特殊意义的颁奖、一次与众不同的课例研讨、一篇有分量的文章发表……总希望有一些温情事件，偶尔出现在身边，无关形式，只关乎内涵，最重要的是，它们能够温暖心灵。

2010年，我被《教育时报》评为河南“最具成长力教师”。我原是一名“草根教师”，从未获得过省级荣誉，更别提在省级媒体上露面了。当《教育时报》把我确定为采访对象时，我深感意外。那一年，是我从农村到城市后的第一年，在县城小学，我都感觉到自己渺小，何况在省级平台？没想到，在专家评委、读者评委的投票评选中，我竟然位居前十名，获得了河南“最具成长力教师”的荣誉称号。

从教十几年，我第一次感觉天上真的掉下了“馅饼”。在颁奖典礼上，当听到自己的名字时，我瞬间大脑一片空白，只记得雷鸣般的掌声响起。第一次站在千人舞台的中央，第一次接受鲜花，第一次捧起奖杯，第一次被报刊报道……诸多第一次，我激动得心脏几乎跳出来。这是令我一生难忘的颁奖典礼，触及了心灵的最深处。

一次获奖，成了我意想不到的大事件，成为我人生的转折点，也是成长的里程碑。在此后的几年时间内，一方面，通过省内媒体的大平台，我有机会和全省的优秀教师接触，走出了封闭的圈子；另一方面，我改变了人生轨迹，有了对卓越的追求，有了更大的梦想，对未来有了更多的渴望。

曾经有人问著名的管理大师吉姆·柯林斯怎样保持人生的动力，他说：“我最深层的驱动力，其实是一颗纯粹的、不受拘束的好奇心。”触动心灵，是希望“纯粹的、不受拘束的好奇心”和成长“相遇”，带来一次次的触动，形成永不停滞的动力。

特级教师贲友林刚参加工作时，向《小学生数学报》投稿并被发表，尽管是一份小学生看的报纸，尽管是一篇只有几百字的“豆腐块”，但仍令他激动不已。这件小事激励他扎根课堂，在课堂中发现问题、研究问题。一次发表，带他走上了研究之路，从此他在小学教学界有了自己的独特位置。

类似的名师成长案例还有很多，从他们的身上，我们能看出特殊事件对教师成长的激励和触动。当内心的“小宇宙”被激发出来的时候，他们就会进入忘我的状态，自觉地找寻发展路径，寻觅成长中的大事件，在大智慧中寻求人生的大突破，构建成长路上的大格局，成就大自我。

当然，我们不能等待触动，更不能去片面地追求触动。我们要有清醒的认识，要成为自我成长路上的奔跑者，这样才有希望迎来水到渠成的触动。

一位年近五旬的教师，在听过我的一次专题讲座后，加了我的微信，和我聊了起来。她觉得自己天天忙碌，感觉工作毫无新意。在随后的几年时间内，她多次与我交流，每次我都能感受到她的消极情绪，同时又能感受到她对成长的渴望。每一次，我都乐于和她沟通，乐于成为她教育成长的分享者。

我曾经和她分享成尚荣先生讲过的一个故事：一位近40岁的骨干教师在师傅跟前说自己很忙、很累。说了多次之后，师傅严肃地对他说，以后不要再说自己忙和累，忙和累无非有两种原因：一种是身体不好，一种是能力不强。师傅说："我比你更忙、更累，却从未说过，因为我在享受工作的幸福。"这个故事触动了她，她对我说，如果每一位教师都有这个故事中师傅的心态，机会肯定会在不远处等待，自己肯定会主动寻求发展；如果是这个故事中徒弟的心态，就可能很难在思想、工作方面取得更大的突破，肯定会被心态所限，难以实现境界的超越和学术的突破，成功也可能会渐行渐远。

我对她说，每个人都如同一个建筑工匠，普通的工匠只把原材料堆砌起来，不断重复，工作很有规律，这是一种机械劳动。优秀的工匠，用同样的原材料，精心设计，建造了一座漂亮的宫殿，这是一种创造。其实每一个人都可以把重复性的工作变成技术性和艺术性的工作，实现从机械劳动到创造的质变。

她开始每一天都明确地为目标去努力，原来看似繁重的工作，因态度的改变，不仅变得轻松，而且更有意义了。退休的时候，她说，和年轻人交流，让她变得年轻起来，临近退休，才发现自己如此留恋教育，感觉到教育有同行人，原来如此美好。

我对她的触动，只不过是一起发现成长的力量，和她一起守候对教育的憧憬，一起怀揣对梦想的敬畏，一起期待教育的美好，一起感受教育生活的灿烂。

能成为别人成长过程中的"重要他人"是幸运的，也是幸福的。触动，无关年龄，无关起点，无关平台，关乎的只是真挚的情怀、执着的梦想、丰盈的精神。

对心灵的触动，能让自己变得更加强大和自信，从而自觉地描绘美好的愿景，前行时也会更有动力。对心灵的触动是教育生活的一剂良药，它能把心理、精神调节到年轻的状态，让青春永驻，使自己成为阳光、开朗的人。

教师应该是真正的读书人

李镇西老师说过，一个教师要做到四个“不停”：不停地阅读，不停地思考，不停地实践，不停地写作。

真正优秀的教师，能把读书变成生活常态，使之成为职业成长的一部分，带领出一批爱读书的学生，营造充满诗意的班级；能让读书成为生活的必需，让书籍充实精神世界，成为真正的读书人。

成为真正的读书人，是一种情怀，更是一种境界。

真正的读书人，一方面，把读书融入自己的生命，自觉地成为阅读推广人，完成生命的自我修复；另一方面，把读书变成启迪人的智慧的核心工作，在阅读的世界里，唤醒更多的人共同阅读。

苏霍姆林斯基说过：“一所学校可以什么都没有，但是只要有一个图书馆，就可以称之为学校。”对于一名教师来说，可以什么都没有，但是一定要有“家庭图书馆”，这是成为真正的读书人的基本条件。

真正的读书人，会营造良好的读书氛围，在喧嚣的环境里，善于给自己找到一个读书的场所。

有读书的氛围和空间，就有了自己的精神家园，充实的读书生活就不会是奢望。“家庭图书馆”或许是只有几平方米的小房间，或许只是一个狭小的角落，或许仅仅是床头的一个架子，但这都不重要，书籍触手可及，书香自会充盈每一个角落。

真正的读书人，是虔诚的阅读者，可用专业阅读书单来度量自己的成长。看许多阅读推广人的书单，就不难理解为何他们对事物有独到的见解。其理解之透、思考之深、方法之活都是广泛积累的结果。阅读书单能体现教师阅读的范围和深度，从专业发展的角度来说，阅读书单像是一幅教师描绘自己成长的地图，又像一段教师的成长史。

阅读，并不是求多的过程。曾经有一位朋友，不断找名师给自己开出专业阅读书单，然后按照别人的书单进行阅读。一段时间后，朋友并没有看到明显成效。因为每一位名师开出的书单都不一样，若不结合自身情况，做到对自己的有益补充，读书则是盲目的。

还有一位朋友希望得到一个书单，这个书单不仅适合所有教师，还能激发所有教师的阅读兴趣。我觉得，这个愿望难以实现，凭着有限的几本书，很难起到激发所有教师读书兴趣的效果。读书，是成长的升华，需要每个人根据自己的目标、爱好，做合理的选择。真正的书单，不是别人开给自己的。要想成长，每个人都要学会给自己开出书单。

真正的读书人，善于在专业阅读的背后，找寻助推自己成长的精神导师，尤其善于在不同时期找到所需的专业书籍，然后从这些书籍中汲取营养。

参加工作后，苏霍姆林斯基的《给教师的建议》是我读的第一本书。在农村环境中，这是我借到的第一本专业书籍。书中生动的事例，让我感到既亲切又真实，让我能够直接借鉴。书中对理论的分析通俗易懂，朴素的教育真理、科学的教育研究、诚恳的教学建议，对于刚参加工作的我来说，是“活的教育学”。

我将书中提出的很多建议，直接运用到了教学实践中。比如，不把“死”知识灌输给学生，而是重在培养学生的各种能力，让学生掌握学习的方法，养成良好的习惯，加强对学困生的帮助，等等。

这些建议成为我打开教育大门的钥匙，成为我教学初期前行的灯塔。

《给教师的建议》对我另外的影响，就是使我养成了良好的读书习惯和写作习惯。阅读每一个温馨的教育故事、每一条建议后，我都会认真地反思、总结和归纳自己教学中的所得所失。正是在这部教育经典的指引下，我才领悟到更多的教育真谛，在学习到实事求是的科研精神的同时，也为自己成为科研型教师积淀了更多的能量。

2010年，历经笔试和面试，我成为“河南省名师”，此后，如何从优秀走向卓越、如何实现成长的蜕变等问题困惑着我。这时候，我读到了李镇西老师的《做最好的老师》一书，书中关于教育观、学生观、班级管理、学生思想工作的阐述，为我指点了迷津，指明了方向，让我明白生活在学生中，就是幸福，就是美好。

“‘最好’就是‘更好’，虽然这个‘最好’永远达不到，但一个一个的‘更好’，便汇成了一个人一生的‘最好’。”李镇西老师的这句话成了我成长的座右铭。他对教育问题和教育现象的思考深刻又独特，他用自己的思考和实践给我指明了教师成长之道：把爱自然而然地贯穿于教育的每一个环节、和学生零距离接触等，都成为我行动的指南，给了我前行的信心和勇气。

走得越远，越能发现自己的问题和不足，选择的阅读书单也会不一样。读书，是让我们少走弯路、积淀更多知识，让思维更活跃的有效办法。

真正的读书人，要在教室成为阅读推广人。从某种层面讲，教师的阅读也是为了使学生更好地成长。成为真正的读书人则更会陪伴学生，让他们的生命得到舒展，帮助学生建立更加强大的知识储备库，引领学生在阅读中寻找智慧。

学生经常见到教师手捧书籍阅读，这样的言传身教，胜过千言万语。作为阅读推广人，我们有责任把好书送到学生的身边。无论我们是什么学科的教师，我们都要这样做，因为阅读不分学科。作为一名数学教师，我经常开展数学阅读活动，如读数学童话、数学故事、数学家传记等。这些阅读活动在教师的推广下，更有体系、更“接地气”，能让学生的阅读进入一个崭新的境界。

真正的读书人，会成为懂书的大家。尊重每一本书，如同读懂一个人，倾听他的心声。无论是读得愉悦，还是读得败兴，或取或弃，都谦虚地悦纳，以此修炼自己的情怀，自信、自由、自主地分享，用心灵深处的呼声和共鸣与自己对话。这也是读懂自己的过程，更是找寻最好的自己的过程。

真正的读书人，要善于选择不同领域的书籍，丰富人文素养，拓展阅读视野。在每一个时期，读书的侧重点都不相同。如经验丰富的教师，不仅需要阅读更多的理论著作，补充理论知识，也需要阅读哲学等方面的著作，开阔视野。

作为学科教师，我们不仅要读学科专著，更要放宽眼界，海量阅读，成为博览群书的杂家。读经典之书，如同品一道好茶，闻茶之香，品茶之味，悟茶之道；读休闲之书，如同尝一味小吃，偶然一得知，忽闻意外香。要做到量的积累，求知，求解，求会，博观约取，厚积薄发，实现质的变化。

手不释卷是真正的读书人一生的追求。读书，需要不停地认识、思考、感悟，且读且思，用脑、用心来阅读，用笔来记录思考，将写和读有机地结合起来。写的过程，就是不断记录成长的过程，一个个清晰的印记呈现的将是一个个教学成果。

真正的读书人的角色，不仅能帮助教师拥有更丰富的知识，更能使教师与自己的专业接轨，在和学生共同的精神成长中，用阅读点亮精神生活，完成生命的自我修复和完善。

做一名心中有书的真正的读书人，不仅阅读别人的书，而且在不经意间，也许就成就了自己，书写了属于自己的书。

教师要有自我否定的勇气

在成长过程中，我们一直强调教师要有教育自信，甚至启发教师要有专业自信，因为有自信，才能发展得更好。

自信对于教师成长来说，是至关重要的。自信是对教育规律的遵守，是对教育梦想的坚持，它来自心灵深处对教育的虔诚。有自信，就会为成长注入无限的动力，从而坚定梦想，向着远方执着地行进。

从某种意义上说，自信是教师成长的基石。表扬是法宝，被肯定是教师获得自信的好方法，这一招很有效。然而在一片喝彩声中、在自信的背后，很少有人驻足停留，去审视成长的轨迹，思辨发展的过程，进行必要的自我否定。

否定，是用辩证的思维、冷静的眼光对事物进行哲学上的判断，在睿智的思考中看清问题、找寻不足，在自我批判中更好地成长。

比如，在教育教学方面有突出成就的教师，很容易出现思想的两极分化。一部分教师虚怀若谷，一直都能审视自己的不足，发现自己的问题，处于不满足的状态。还有一部分教师不仅拥有自信，甚至可以用“狂妄自大”来形容：对于自己赞成的事情，极度地维护；对于自己否定的观点，拼命地批驳。

虚怀若谷，给予未来发展无限大的可能；恃才自傲，可能会使未来的发展停滞。在一定时期，要学会否定自我。肯定什么，否定什么，是截然不同的两种情况，想明白了，未来的路就好走了。

在肯定的同时，学会适度否定，不是为自己的发展设限，而是为了更好地找寻新支点和新方式，为了实现质的突破，实现精神的飞跃，让发展具有无限可能性。

肯定自己易，否定自我难。停留在以夸赞为主的世界，接受不同的声音往往不易，尤其是去否定自我，就更加困难。

批判性思维应该是教师必备的素养。具有自我否定的勇气，敢于自我挑战，用动态的、开放的理想代替静止的、封闭的自我满足，也是一名教师成熟的标志之一。

批判性的否定，能让我们对成长有更清楚的认识，对错误和错觉有更理性的认知，让成长之路更加阳光灿烂。

否定，并不是对成长的否定，而是有选择地对影响、制约发展的关键点进行必要的改变，从以前的“不合适”走向“很贴切”，从以前的“务虚”走向“务实”。

举一个简单的例子，教师要搞课题研究，这是提高教师理论修养的重要途径，在某种程度上影响着教师的专业发展高度。在以往的课题研究中，很多教师非常容易走进研究的怪圈，无形中存在这样的“三多三少”：课题成果结项的不少，有影响力的不多；课题研究的方向不少，有高度的不多；主持参与的课题不少，推广的不多。

出现这样的问题并不令人意外。一些课堂研究仅仅停留在想象的层面、敷衍的层面、功利的层面，很难研究出有价值的成果。即使是曾经取得了一定的成果，之后也会把研究结果束之高阁，没有发挥它的实践作用，这是很可怕的。

类似的现象，在我们身边还有很多。如名师主导下的集体备课，有时候集体存在了，备课也进行了，却没有实质的效果。单纯交给某个教师主备，如果教师偷懒，会按照规定和要求在浩如烟海的网络资料中找出自己需要的教案交差。这种所谓的集体，只不过是人聚在一起而已。即使在名师的指导下，也往往会成为名师的“独角戏”。做得较好的，在名师主备的基础上，融合几位教师的想法；做得不好的，直接把名师的说法抄写在纸上，就完成了所谓的集体备课。

对于一些研究，更多时候大家看的是结果，而不是过程。结果呈现之后，未必有人深入探究，看它是否能够实施。对于一部分教师来说，形式化的成果是为了应付各种检查，是为了完成集体研究的任务，至于教案有没有“水分”，就不是他们所考虑的因素了。

这些伪研究反映出的是目光短浅和急功近利，需要去否定，需要去除浮华之气，让研究回归真问题，需要脱去“皇帝的新装”，不搞形式，不走过场，不做“糊涂人”。

语文特级教师余映潮的成长之路的核心就是：自始至终坚持学术和实践的统一，真正让研究回归真实；在学术研究中广泛读书，真实研究；在实践中研究课堂，研究学生，研究教材。在实践中，教育定会返璞归真，助推教师成长。

在成长的过程中，教师不一定能够及时进行自我否定，可能会因为某一时期的视野狭窄而选错路，但只要方向是对的就好。走了弯路并不可怕，关键在于能够发现错误，并在尝试中及时改正，在不断试错中找寻最理想的成长道路。

以我自己为例，在接触了更多的教育专家之后，我发现自己擅长的是课堂教学实践，对教育理论却知之甚少，更谈不上用新理论去指导自己的教学、带动身边的同事了。为了更好地突破这个瓶颈，我开启了疯狂的外出学习模式，无论是自费还是公派，我珍惜每一次外出听课的机会，每年坚持聆听近百场专家报告。

近百场报告，相当于近三个月的时间都在听课。虽然说听报告能够让视野更加开阔，理论素养有所提升，但都是在听别人怎么做，从未思考自己该怎么做。只是停留在对报告的思考，理论素养的提升是浅层次的。

在肯定学习成果的同时，我及时地否定了“听报告提升理论素养”的原始念头。专家报告对理论素养的提升确有帮助，但是真正发挥作用的还是对理论书籍的阅读和教学实践，更关键的是对教学问题的深入思考。只有建立在实践基础上的问题，才具有更大的价值；只有基于反思和思考的研究，才能解决实际问题；只有基于读书和写作的积累，才会迎来更大的突破。

一年聆听近百场的报告，占用了太多的时间，也耗费了太多的精力，当忙到无法进行深入思考的时候，提升反而受到制约，结果也未必能够尽如人意。拼命三郎式的学习，在实现最终目标方面，偏离了本质的路线。所谓的听报告的“长板”，反而成了发展中的“短板”。

敢于及时否定自己，是对成长路线的修正。一次次的修正和调整，避免了对成长“黑洞”的视而不见，让成长之路少了一些磕磕碰碰。

审视成长的过程、在否定中肯定，是对成长过程进行的梳理和总结。从中能获得过人的智慧，积累深厚的文化底蕴和高深的学科素养，更能提升发展层次、行为品质和精神境界，能更好地规划未来。

具有自我否定的勇气，既是一种魄力，更是一种境界。在否定中不断地成长，是对自我的挑战，更是对自我提出的更高要求，是发现问题的一种表现，是一种成长的智慧。

寻找自己的成长偶像

从平凡走向优秀，每个人的成长道路不尽相同。有的人，从适应期到成熟期，再到高原期；有的人，从成长期到高原期，再次走向成长期。在每个时期，教师都应给自己定一个明确的目标，找寻一个看得见的偶像，以偶像为榜样，茁壮地成长。

教师作为一个个生命的存在，最高价值就在于不断地实现自我和突破自我。仅仅停留在某一个阶段是远远不够的，还需要不断突破自己，实现继续成长。过程中的超越是人的本性使然，也应该是教师的基本品质。

在成长的每一时期，教师都会遇到不同的问题，也会有不同的困惑。只有解决了事关成长的核心问题，才能更好地实现阶段性飞跃。然而，解决这些问题不是靠几次培训、几次研修就能立竿见影的。缩小自己和名师的差距，成为理想中的自己，不仅要靠个人努力，还需要“高人指路”，才能少走弯路。

名师有一个共同点：他们的内心深处都有指导自己前行的精神导师，在不断地激励着他们，指引着他们向着梦想的远方前行。

2006 年，我还是一名普通的农村小学教师。一个偶然的机会，我听到一位名师谈成长，她说，是省级骨干教师培训改变了她，让她找到了发展的方向。待在偏远农村小学的我，连县级骨干教师都没听说过，更别提省级骨干教师了。然而，听了她的报告之后，我开始觉醒：我要以她为榜样，我也要成为像她那样的省级骨干教师。

在这之后的日子里，这位名师就成了我心中的偶像。为了参加省级骨干教师培训，我多次向乡中心校争取机会。每次见到乡中心校的领导，我就表示希望他们能够给我一次学习的机会，我希望自己能走向更高的平台。

功夫不负有心人。在执着的争取下，一年之后，我终于等来了农村省级骨干教师培训的机会。这次培训，没有条件限制，让不是骨干教师的我也有了学习的机会。在这次培训中，我第一次走出农村，走向省城，在两个多月的时间里，接受了从教以来最系统、最高规格的培训。

在培训的两个多月中，专家的前沿理念、学科的饕餮大餐，彻底唤醒了我。每个夜晚，为了不影响同宿舍其他教师休息，我都在路灯下读书。如饥似渴地学习，来源于自我的觉醒。直到此时，我才明白了自己想要什么、缺少什么。这次培训，坚定了我前行的目标，明晰了我发展的方向，使我从自然地成长走向了自觉地成长。

一次偶然的事件，让我遇见了成长初期的偶像，让我有了发展的目标。偶像用自己前行的路启发了我。从某种意义上来说，偶像就像一盏明灯，照亮了我前行的方向。

之后，我成了河南“最具成长力教师”“河南省名师”“中原名师”，每一阶段追寻的目标都不尽相同。我的偶像也不断增多，由市小学数学教研员到全国名师贲友林、华应龙、刘德武等。成长若是一场旅行，偶像就是行程中的导游，不断指明前行的道路，带领旅客走向目的地。

成长，是不断寻找偶像的过程。偶像不局限于身边人，我们的视野可以更开阔一些。可以是一时的偶像，如身边的名师、身边的榜样；可以是长期的偶像，如全国教育名家、知名教授；可以是一生的偶像，立志向他学习一辈子，如陶行知、苏霍姆林斯基等中外教育名家。

成长，是不断超越偶像的过程。当我们对教育的理解以及我们的教学艺术接近或者达到偶像的水准时，要敢于超越偶像，不仅要有信心，更要有勇气。

喜欢明星的人被称为“追星族”。我们也是“追星族”，只不过，我们追的是教育的“明星”，是学科的“明星”。

向偶像学习的方式有很多种，可以通过网络学习，可以进行面对面沟通，还可以对偶像进行深入的研究。学习可以各有侧重点，比如，在某一阶段，可以学习偶像的教学艺术，在另外一个阶段，可以学习偶像的专业理论。

向偶像学习，在汲取营养的同时，还要学会消化。

比如，我在一段时间外出聆听了近五十场报告，专家的理念、科研能力、教学艺术都深深地吸引了我。我开始全面地模仿，然而一段时间过后，突然之间我发现：我处在相对浮躁的状态，没有明确重点，全面撒网式的学习让我缺乏深入的思考，更缺少深入的研究。

我明白了，向偶像学习，不能“贪多”，而要“求精”，否则，就会“营养不良”。学习，要把握一个度，选取一个合适的点，结合自身的研究实际，让专家、名师的才能成为自己的生长点。

2016 年，河南省教育厅启动了“中原名师教育写作出版计划”。为了提升“中原名师”的写作水平，省教育厅聘请了生命化教育专家张文质及全国著名教育学者闫学作为我们的写作导师。

写一本书，或者说写一本有影响力的书，并非易事。张文质老师和闫学老师从写一篇文章开始，到梳理整本书的写作思路，再到形成写作提纲，对我们进行了详细、深入的指导。

我把两位老师作为偶像。我购买了张文质老师、闫学老师的全部教育著作，并进行了深入的阅读。闫学老师是教育写作的大家，研究闫学老师的著作，我也开始明白教育写作的精髓。我将自己写的文章和闫学老师的文章反复对比，每次都能发现自己文章的稚嫩之处。在一次次的对比中，我逐渐掌握了写作的方法，提高了写作水平。

很多时候，学习是一种个人的思考，但不经意地和偶像思想产生碰撞，更容易有写作的灵感。和闫学老师的多次微信沟通，让我的思路更加清晰。特别是省教育厅安排我们访问闫学老师所在的学校，使我有机会与闫学老师面对面地畅聊，闫学老师针对写作提出的问题，更让我瞬间明白了写作的意义。闫学老师几次指点迷津，让我找到了写作的方向，找准了未来的目标。

我还在网络上收听张文质老师的写作指导讲座，全方位地向他学习。向偶像学习，需要深入地解读，这种解读是对专业成长之路的深层次思考，更是高品质的对话。偶像倾注心血的辅导，对于教师的成长来说，更具有针对性和时效性。

微信公众号拉近了我和名师的距离。我关注了很多全国知名教师，读他们的文章，研究他们的写作方法，关注他们思考的话题，他们成了引导我深度思考问题的偶像。

这样的过程，也是一次次琢磨的过程。琢磨名师的课，琢磨名师的研究成果，琢磨名师的教学经验，琢磨名师的成长之路，琢磨透了，就是成长，就会蜕变。

将琢磨的结果用在教学工作中，在实践中践行、检验、探讨、反思，不断思考，不断审视，让教学行为更加睿智，让教学效果更加理想。

此外，任何时候都要有一种清醒的认识：无论找到多少位偶像，最终我们都不可能成为别人的样子，而要成为理想中的自己，要明白自己的内心世界，懂得自己的价值追求。

就像帕克·帕尔默在《教学勇气——漫步教师心灵》中所说的，只有发展和深化了自己的内心世界，才能理解任何伟大事物的内在生命。我们不可能从别的生命里得知连在自己生命里都不认识的事物。

成长若是一场修行，每一个偶像都是最好的遇见。找寻心中的偶像，和他们相遇的过程，就是找到最好的自己的过程，可以从他们的身上，寻找理想，看到自己未来的样子。

修炼你的名师之道

成尚荣先生曾经说：“没有一大批好教师、名师，教育家的培养注定是无源之水、无本之木。”他认为，当今的名师不是多了，而是远远不够。在全国各地开展名师工程、教育家工程、教学能手培养工程风生水起之时，每一位有志向的教师都应该借助发展的东风，修炼名师成长之路。

名师的成长如同庄稼的生长，是一个缓慢的过程，有成长周期。想一口吃成胖子，是不现实的。

急于成长，并不代表能够快速成长。在急功近利的心态下，追求表面的浮华，就会失去发展的内涵，逐渐失去自我、迷失自我，陷入世俗化、浮躁化的成长怪圈。

《大学》讲：“知止而后有定，定而后能静，静而后能安，安而后能虑，虑而后能得”，就是说，只有明白本末始终的道理，才会逐渐接近教师的发展规律。

要成长为名师，就要在发展的规律中不仅拥有术，更要找寻发展的道，即修炼名师之道。

名师的成长过程首先是精神成长的过程，精神成长的核心是梦想和目标。高尔基说：“一个人追求的目标越高，他的才能就发展得越快，对社会就越有益。”

一个人有了目标，才会进一步明确前行的方向。一个人只有追逐梦想，才能诗意地栖居在大地上，才能享受到成长带来的幸福。

名师要胸怀崇高的目标，为实现目标而不断前行，不断调整成长的方向。

名师为了实现梦想，要对未来进行科学的规划，绘制切实可行的发展路线图，并按步骤、有计划、分阶段地实施计划，让梦想促使自己不断地修炼，一步步走向成功。

名师不能把一时的成绩当作全部，要有成长的大智慧，更要有对愿景的高追求。分析名师的成长经历，梳理他们的成长轨迹，就会发现，梦想才是成长的基础。

名师不仅要有高尚的道德情操，更要有学术修养。具有深厚的学术功底、全面的科学素养、强烈的研究意识的名师，一定会在未来有更大的成就。学术修养是名师的立足之本，精湛的技能、渊博的学识、睿智的思考、深入的解读，会赢得更多的尊重。修炼学术，是名师成长的核心和关键。

从一个阶段到另一个阶段的突破，理论功底的加强是至关重要的。善于学习的人，学习的对象非常广泛，有网络、书本、专家、学生等，每一个人、每一件事都能给他启发，让他思考。在加强理论功底的过程中，自我学习是突破学术瓶颈的有效途径。

有一位名师，他是一个地区的学术领军人物，有自己的独到之处。但成为地区名师后，他失去了前行的动力，学术修炼停滞不前。不知道该怎样提高学术才能成为更加优秀的教师的人，不在少数。无论是否存在发展的高原期，学术瓶颈是客观存在的。从地方名师到全国名师，路途注定是曲折的，过程注定是艰辛的。

实现自我思想的丰盈、学术修炼的突破，是通往成功的捷径，如：课题带动，用理论支撑和引导课堂教学，为教育生命加温；开展深层次的教学研究，引领学科教研工作，提升专业发展技能……

学术修炼的过程，就是教育思想不断成熟、完善的过程。

学术，始终占据成长的核心位置。能让同行钦佩和欣赏的，是学术；让影响力历久弥新的，是学术；值得别人学习和模仿的，是学术。真正的学术，是淡泊名利下精益求精的追求，是研究教学技艺后的技能提升，是研究理论后的高效突破。

学术修炼要学会把碎片化的对教学的思考转化为系统化的对教学的思考，在课堂上实践，呈现自己的教育思想。

2012 年美国“国家年度教师”丽贝卡·米沃基说：“作为教师，要始终充满激情，保持好奇心，设置高期待，从教是我对世界产生深远的有益影响的最佳方式。”这是她的高境界。学术修炼的最终目标，就是对世界、对学生产生深远的有益影响，这也应该成为我们的最终目标。

要想具备这样的思想境界，心智修炼尤为重要。它能为名师成长提供持续的动力和不竭的源泉。在成长的过程中，理性地分析问题是心智修炼的基础。价值观正确，思维方式合理，就不容易在成长及研究方面走极端。向正确的方向前行，是对问题不断审视和思考后的综合体现，更是对一切不理性的成长的有力回击。

在心智修炼中，具备批判性思维能力很重要，不能单纯地“拿来”，而要学会甄别和选择，要有自己的思考和判断；要在鱼目混珠的教育理想和教育理念中，甄别出最合适的、最有效的教育理论，并成为这些理论的实践者。

理性地思考问题，辩证地审视问题，回到原点看问题，这些都是心智修炼的基本功。在心智修炼中，这些方面呈现的深度和广度都决定着教师未来发展的高度。

顾泠沅教授说过，名师的产生是追求卓越的结果，所谓“追求卓越”，并不是追求最好，而是追求更好，即不断地超越自我。对于教师来说，优秀是不断攀升的过程，是从一个高峰走向另一个高峰的过程。

修炼名师成长之道，是一项艰巨的、系统的工程，这项工程的设计者、实施者、监督者是名师自己。能否修炼好成长之道，是决定名师是否能够成为学者型、实践型教育家的关键。

实践型教育家之路有多远

我喜欢读金庸的小说，其中的武林门派纷杂，弟子众多，但是真正有影响力的门派和有作为的武林高手屈指可数。武林门派背后的故事，给了我很多教育方面的启发：每个有影响力的武林门派，都有自己的绝世神功，只有靠绝技才能行走江湖，才能在江湖中有一定的影响力。

仔细想来，名师不也一样吗？在地方或全国有影响力的大家，谁不是怀揣“武林秘籍”，身怀“绝世神功”，自成一家，独成一派的实践型教育家？

细细思考“实践型教育家”几个字，蕴含着丰富的思想内涵。实践是基础，成为教育“实践家”，是成为教育家的前提。

实践，不外乎体现在以下几个方面：实实在在，脚踏实地，勇于探索，标新立异，敢于创新，实至名归。百度百科词条这样定义“实践家”：实践家指那些自觉自我行为的行动者，相对思想家、哲学家、研究人员而言，他们是去执行和实践一些推理和理论得出方法，而不是口说空话或纸上谈兵。

从名师到实践型教育家，要敢想敢干、敢作敢为，不能畏首畏尾，但也不能仅仅停留在实践的层面，不仅要成为一名行动者，还要在思想方面实现提升，成为一名思想者，这就需要再发展、再突破，实现从优秀教师到卓越教师的蜕变。

成为实践型教育家，就要在教育情怀、教育理想、教育智慧上遵循教育规律，执着地进行研究和实践，关注理论学习和研究，行走在对理论的探索和对实践的研究中。由此看来，实践型教育家需要有虚怀若谷的气度，需要有深邃的教育思想，需要有学贯中西、学富五车的才华，需要有鲜明的教学特色和教学风格。

李希贵校长曾经说：“你可以先想好70岁你想干什么，达到什么程度，身边会有什么人——当这些明确了以后，你就会知道你50岁的时候自己应该在哪里，已经完成了些什么；再推想40岁、30岁以至于今天。”实践型教育家之路，需要对未来的路线有清晰的规划和明确的定位，需要绘制专业发展蓝图。比如，准备在哪方面练就自己的独门绝技，未来要在怎样的舞台上有怎样的发展，每步大概用时几年，等等，这些都应该有详细的规划。

“鸡蛋从外打破是食物，从内打破是生命。”名师成长亦是如此，从外打破是压力，从内打破是成长。内部用力，才能激发成长需求，成长才具有蓬勃的生命力，才能获得力量。

成为实践型教育家，需要在完成一个又一个任务中积聚力量，在专业思考中积聚智慧，凝聚破茧成蝶、破壳新生的力量，把压力化为持久的动力，不断发现新问题、寻找新思路，在较高的水平上实现再发展。

成为实践型教育家，需要不断凝练教育思想。名师需要自我梳理教学思想，进行教育的革新和实验。只有具备前沿教育理论，才能把握教育的脉搏。而梳理教学思想，是每一位名师通往前沿教育理论的最好途径。在梳理的过程中，要能从经验自觉逐步走到理论自觉，把教育经验具体化，形成教育思想。教育思想的形成是一个循序渐进的过程，是一个缓慢的过程。

我们不妨用脚步去丈量路程，找寻通往成功的路径。成为实践型教育家，要做大量有益的尝试。实践型教育家要发出自己的声音，要传递团队的声音，从自身成长走向群体成长。

在中学语文领域，余映潮老师的足迹遍布全国各地。他进入中小学为广大教师进行校本培训，在全国的几十处名师工作室听课、评课、讲课、做讲座，让教师享受到研究的快乐。

我们总能听到特级教师在传递他们的声音。数学特级教师吴正宪和她的名师工作站在全国颇具影响力，是一线教师向往的教研场所。语文特级教师闫学，把“爱丽丝”儿童绘本阅读课程打造成绘本教学的一面旗帜，让无数语文教师为之痴迷。名师用自己的前沿教育理念，在全国展示了团队的力量，我们在赞叹团队实力强大的同时，更深深地佩服这些团队的科研能力和学术影响力。

发出团队的声音，其实是对我们提出了更高的要求：我们要以成长的姿态踏上征程，去寻找生命中一个又一个节点，在多维度的活动中，以团队成员发展为主体，用行动去诠释实践型教育家的内涵。

发出最强音的最有效方式，源于教育成果的呈现。只有有影响力的成果，才能在满园春色中有自己的一席之地，才能让名师站在历史的潮头，以更宽的视野、更高的境界、更大的气魄、更新的举措、更优的实践，来实现实践型教育家之梦。

向着自己目标前行的人，整个世界都会为他让路。在成为实践型教育家的路上，不可能只有鲜花和掌声，更多的是荆棘和挫折，这就需要我们坚定信心地走下去，向着目标，不断前行。

修炼二

明智之师，点亮成长之路

老子在《道德经》中说："知人者智，自知者明。"

明智之师是能够"知人""知己"的教师，"明事物之万化，亦与之万化"，不墨守成规、循规蹈矩，在随机应变中读懂自己、读懂学生，看清问题，产生智慧，并在敏锐观察、睿智判断之余，做出明智的选择，点亮成长的路。

细细想来，明师需要具有两方面的智慧：一方面，事关学生的成长，需要在教育问题上有超乎常人的"明智"，有独特的见解，是机智的教育者，因智生慧；另一方面，事关自己的成长，需要有与众不同的"明智"，有独到的思考，是睿智的思考者，因智而明。

因智生慧，是希望每一位教师都具有教育大智慧，在和学生相处的过程中，共同去找寻教育的美好；用清醒的头脑，智慧地解读学生的成长，尊重学生的成长规律，和学生共同构建起五彩缤纷的世界；呵护学生的童年，培养学生的自信，配合学生的成长节奏。

明智的教师，会用教育的智慧与学生的生命对接，让学生在体验、探索、思考中不断调整自己，实现一次次的进步。这时候，智慧会融在生活经验、教育经验的凝练和升华过程中，教师对学生的发展问题看得准、想得透、说得清、讲得明，教育的问题就会变得简单。即使遇到问题，教师也懂得隐藏教育意图，用一种更理性、更隐蔽的方式，让学生乐于接受，并心悦诚服地自我改变。

因智而明，是希望每一位教师都懂学生，更懂自己。对于在发展中遇到的问题，不仅要想得周到，而且还能判断正确，从而明确自己成长的道路，明白自我突破的方向，明白发展的内涵。

由智到明，教师需成为独特的自己，学会“折腾”，在不断突破中打破原有习惯，颠覆传统认知，在“不满意”的基础上，实现自我革新，凝聚破茧成蝶的能量，实现脱胎换骨式的改变。

明智之师，因智生慧，因智而明。这样的思考，体现的是审慎之力，教师在面对学生和自身的成长时，能够展现出非凡的睿智与豁达，洞悉发展的客观规律，明确发展的理念，明白发展的方向，明晰发展的道路。

教育就是遇见美好

教育生活，轰轰烈烈也好，平平淡淡也罢，无论如何，都是师生不断遇见美好的过程，都会将这种美好镌刻在师生内心的最深处。对于师生来说，成长若是一个春天，遇见就是最美的花开。

在教育中，如果能在遇见中促进学生发展，将是最美好的事情。为人师者，要教会学生用敏锐的眼睛审视世界，用睿智的观察思考世界，用超凡的智慧畅想未来，让学生在成长的过程中感受身边的美好。

约翰·洛克在《教育漫话》中说："在各种教导儿童以及培养他礼貌的方法中，最简明、最容易而又最有效的方法，是把他们应该做的或者应该避免的事情的榜样，放在他们眼前……"教师的言行举止、学识水平、工作态度、道德品质等，都可能是学生学习的榜样。在影响学生的诸多因素中，无形的身教，往往胜过有形的言传。

记得我小时候，有一位老师在课堂上喜欢说语气词"哦"。每次上课，班上的同学都要比赛数老师说的"哦"，每当下课，大家交流最多的不是学习，而是看谁数"哦"的次数最准确。虽然我们经常数"哦"，但是温柔的老师没有对我们严厉呵斥，只是慢慢地改变着自己。慢慢地，我们发现，他的语气词越来越少，后来，我们再也数不到"哦"了，我们都感觉很奇怪。直到有一天，我们路过办公室，听到他边说话边录音，边放边听，再次录音，再次聆听，才知道：原来他一直都在努力改变自己。他用行动告诉我们：好习惯是慢慢养成的，只要努力，一切皆有可能。

那次美好的遇见让我明白了：学生时刻都在观察着教师的一举一动。教师的点滴行为，都可能被学生无限放大，都可能被学生模仿，教师的行为在潜移默化地影响着学生。

有一次，我收到了家长通过微信发来的图片，图片上有这么一道题：“说出你知道的一位数学家的名字（　），他（她）的主要成果是（　）。”家长对我说，他女儿填的答案我肯定想不到。“我还真是想不到，有可能学生比我知道得多。”我回复得很坦诚。

“让你看看答案，你就能知道结果在情理之中，意料之外。”家长的话吊足了我的胃口，我立刻回复：“赶紧发过来，让我看看学生有什么奇思妙想。”

原来，学生是这样填的：“说出你知道的一位数学家的名字（刘忠伟），他（她）的主要成果是（17 岁当老师，24 岁当校长）。”

“你在我女儿心中的地位很高。因为她在河南教育新闻人物微信投票中看了你的事迹，便默默地记住了。你就是孩子们的骄傲，他们要时刻向你学习。”家长这样说。

我们给学生做了示范和榜样，学生给了我们成就感和幸福感。我知道，自己离数学家差之甚远。名副其实的大数学家遥不可及，但构建我们小小的数学“家”完全可行。对于我来说，只好偷换概念，营造学生数学学习的“家”，让学生在数学的“家”里享受数学的美妙和美好，给他们营造一个学习数学的快乐园地，让他们和我一起构建快乐的课堂，营造快乐的氛围，体验成长的快乐。

虽然此“家”非大家、名家，但这个小小的数学的“家”，不经意间，已经给学生种下了榜样的种子，学生能够在“家”里面，享受到阳光雨露，自然地成长。只要希望满满、精神富足、心灵纯洁，他们一定会焕发蓬勃的生命力，一定能拥有光明的未来。

卢梭在《爱弥儿》中说：“在敢于担当培养一个人的任务之前，自己就必须要造就成为一个人，自己就必须是一个值得推崇的模范。”对于学生来说，模范或示范的教育效果远远胜于口头说教，身教优于言传。对学生潜移默化的教育，就是做最好的示范。教师需要将看得见的教学方法体现在教学过程中，少说多做，就像卢梭所说的：“要以行动而不以言辞去教育青年，他们在书本中是学不到他们从经验中学到的那些东西的。”

社会上有一些负面信息，比如摔倒在街头的老人无人敢扶，危难之时人与人之间不信任等，可能会影响学生价值观的形成。而让学生遇见美好，就是让他们拥有真善美，使他们对未来充满憧憬，从而更有信心地去探索未知的美丽世界。

让学生遇见美好，无须把教育变成空洞的说教，要远离浅薄，走进心灵，让成长变得更纯净、更纯洁、更简单。

几年前，我教过一名学生，他入班时的成绩很差，他的父亲、母亲外出打工，只有爷爷照顾他。他的父母一年也不一定回家一次，因此他心生埋怨，开始对学习不感兴趣，课本发下来之后，经常被他撕得粉碎，上课不听、作业不做、课下打闹成了他在学校的常态。有一次，他拿了100元钱到学校，课间操刚结束，他就发现自己的钱不见了，甚至不知道自己的钱丢在了哪里。

这是我第一次看到他掉眼泪。一个贫穷家庭的学生，100元钱可能是他一个月的生活费。我理解他的不易，我理解他的哭泣。没有多想，我给了他100元钱，还对他说：钱找到了再还给老师，找不到就吸取教训。

这件事触动了他内心柔软的世界，我发现他有所改变。我开始每周给他写一封信，他也积极地回应着我。慢慢地，他变得愿意和我接近了，他慢慢打开了心扉，学习变得积极起来，人也变得阳光起来。给予他的爱，成了他生活中的阳光，让他感到了温暖。

有时候触动学生心灵的往往是一件小事。每个学生的需求不尽相同，可能是一句话，可能是一件事，可能是一次关注，也可能是一次表扬，这些偶然的美好，就有可能让温暖常驻他们的心间。

有一个学生三年级的时候转到我们班，跟我一起学数学。“数学不好玩，就是数字和符号的反复出现，太难学了。”这就是他眼中的数学。随着时间的推移，他发现了数学的乐趣，体会到数学知识中丰富多彩和奇妙无穷的变化。他发现，每一次动手操作，就像打开了一扇知识的窗；每一次思维的延伸，就像开辟了一片新天地；每一次推理和创造，就像勾画了美丽的数学画面。用“熟悉的”数学去解释“陌生的”数学，用“具体的”数学去理解“抽象的”数学，他发现了数学的有趣，真正走进了美丽的数学世界，享用了美味的数学大餐。

为了让学生有一技之长，不掉队，不落伍，家长和教师常常让他们遇见很多“不情愿”。为了追求成绩，让成绩不好的学生赶紧上辅导班；为了追求全面发展，让没有才艺的学生赶紧学才艺……凭着我们的喜好，刻意推动学生向着更好的一面努力，但往往适得其反。让学生自然地慢慢长大，需要营造美好，但不能成为“面目可憎”的教育者。

卢梭曾说：“我们在路上不是像驿夫那样追赶路程，而是像旅行家似的沿途观赏。我们心中不只要想到一个起点和终点，而且要想到起点和终点之间相隔的距离。对我们来说，旅行的本身就是一种乐趣。”我们不期待每个时刻都有美好，而希望所有的遇见都是不期而遇的美好。

和学生相遇，需要建立在理解学生、懂学生、爱学生的基础上，要有方法、有策略、有能力，以学生的自我完善和发展为目标，呵护着他们健康成长。

遇见美好，成为美好的推动者，顺便珍藏每一次美好的遇见，将其变成刻骨铭心的记忆，把美好镌刻于心田，不忘初心，砥砺前行，让感动永驻心间。无论历经多少年，都如最初遇见般美丽，让它成为永恒，成为温暖，成为经典……

名师应是个明白人

暑假之前，小区外面的兴趣班铺天盖地地在宣传，舞蹈班、跆拳道班、书法班、绘画班、播音班……喧哗、热闹的咨询场面，让我的爱人怦然心动：“是不是也给咱孩子报几个兴趣班？不能让孩子输在起跑线上。”

关于孩子的兴趣和爱好，我主张以顺其自然的方式来培养：孩子感兴趣的、喜欢的，我会全力支持；孩子不喜欢的，我不会去强迫。我对爱人说：“起跑线在哪里呢？人生是场马拉松，又不是短跑，那么在乎起跑线干什么？再说，我们选择的，一定是他喜欢的吗？”

我的话惹恼了爱人，她对我说：“别的孩子都多才多艺，咱们的孩子什么兴趣班都不上，这样下去，咱们的孩子会掉队的，和别的孩子的差距会越来越大。”

一时间，我难以说服爱人，于是我们各自设计了一份调查表，一份是爱人给孩子预设的选择题：“你想上哪个兴趣班？A. 有外教的英语班，对英语学习有帮助；B. 书法班，写一手好字，绝对受益终身；C. 钢琴班，修身养性有气质……”我的调查表上是一道问答题，只有一句话：“你暑假想做什么？”

孩子对妈妈的调查表丝毫不感兴趣，只在我的调查表中写了一句话：“静静地看书，安心学学吉他，能有一次远行，暑假生活就算圆满了。”

孩子有自己的兴趣，也许并不“高大上”，也许很幼稚，但这就是童年。后来，孩子按照自己的想法实现了暑假的梦想：认真地看书，兴趣盎然地学吉他，充满好奇地远行。用他的话说，一个假期实现了一年的梦想。

尊重孩子，才能融入孩子的生命，这样的教育才是好教育。不管是孩子还是成人，若不能轻松愉悦地学习，智慧怎会轻易开启？看懂孩子丰富的内心小天地，就会帮助他们更好地描绘未来的大世界。

作为教师，我们要明白，梦想归根到底是孩子的。前面的路，若要诗意地走下去，就不能强迫，而要给他们自由的空间，让他们自主选择。

网上流传着一篇《牛蛙之殇》，家长为幼小的孩子规划成长之路，以没有考入小学名校的“失败”而告终。炮轰“幼升小牛蛙战争”的语句，字字扎心。文章的作者，据说是一位退休老教授。他说，从外孙3岁开始，就备考上海四大民办小学，这四大民办小学是上海小学的金字塔塔顶，是所有家庭挤破头想让孩子进去读书的地方。为了让孩子有更好的学习环境，秉承“精英阶层的传承总规律”，孩子的父母宁愿孩子失去可爱，也不愿让他长大变得庸俗。6岁大的孩子，为了招生考试，为了实现从“青蛙”到“牛蛙”的转变，每一天、每一周、每个月都要进行考核。不幸的是，在长期的压力下，孩子患上了幼儿抽动症，在残酷的名校竞争中败下阵来。

孩子的精神世界是丰富多彩的。不尊重孩子的成长规律，禁锢孩子的思想，对他们横加干涉，拔苗助长式地培育，会让孩子的世界成为黑白色，孩子会越来越失去聪明活泼的天性。尤其是在学校里面，如果要求孩子严格地按照教师或家长的规定，成为听话的孩子，慢慢地，学校就成了孩子不喜欢的地方。

名师应是个明白人。名师要明白尊重自然成长规律的重要性，善于构建五彩缤纷的儿童世界，懂得呵护孩子的童年，培养孩子的自信，配合孩子自然成长的节奏，让他们慢慢地长大。

每一个孩子都有独特之处，每一个孩子也可能都有“短板”。无限制地补“短板”，是违背孩子发展规律的，硬加给孩子的东西未必就有很好的效果。我小时候也有过补“短板”的经历，回想起来，那是一段令人心酸的历程。

在中学的时候，我不喜欢生物老师照本宣科的教学方式，于是厌倦了生物课，可是为了考学，只能恶补，拼命地死记硬背。到今天为止，我对生物仍然不感兴趣。

换个角度想一想，若把“长板”增长，不是更能决定人生的高度吗？有一个很励志的故事，讲的是爱因斯坦小时候的事。

小爱因斯坦是被人看不起的孩子。他常常提出一些古怪的问题，如指南针为什么总是指向南方？什么是时间？什么是空间？等等。别人都以为他是个傻子。校长甚至说，他将来从事什么职业都没有出息。小爱因斯坦的母亲陪着他，守护着他的童年，任由他默默地坐在湖边，凝视着湖面，任由他全神贯注地玩一些很难的游戏。小爱因斯坦遇到了一个懂教育的好妈妈。正是妈妈的欣赏，才给他营造了良好的成长环境。她对别人说：“你们不了解他，他不是在发呆，他是在沉思，是在想问题，将来他一定是一个了不起的人。”

正是恰当的肯定和鼓励，培育出了孩子的才华，培养出了伟大的科学家。

我不由得想起了自己小时候的学习经历。我的父亲是教师，小学的时候，我的学习成绩在班级处于中游，父亲却从来没有提起过我的学习成绩，没有给过我任何压力。每当我因为考试成绩不好而哭鼻子的时候，父亲总是安慰我、鼓励我。到了初中，父亲没有把我送进学习压力很大的乡镇初中，而是选择让我在村里的初中就读。处在农村的环境中，我没有上过音乐课，没有参加过兴趣班，在学校，我最大的爱好就是读书。

老师也不强迫我们。春天领着我们去田野里撒欢儿，释放天性；夏天，带我们在大树下乘凉，或在雨中奔跑；秋天，带我们去田野里，看蓝天白云，听蝈蝈演奏的美妙音乐，开心极了；冬天，领着我们打雪仗、堆雪人。像个野孩子一样的童年，现在想起来都是美好的回忆。

从父亲到老师，没有人整天提学习成绩，我却知道什么时间该去努力。在宽松的环境中，我度过了快乐的童年，按照自然节奏成长起来，没有被强加培养任何兴趣，但是这丝毫不影响现在的我对很多事情感兴趣。

从自己的成长经历想到孩子的成长，更明白宽松环境与自然成长的重要性。没有舒适的成长环境，怎会种下幸福的种子？

给孩子一片星辰大海，不如让孩子慢慢地成长，享受简单的童年，有时间在田野上撒欢儿、奔跑。伴随着幸福心态长大的孩子，在未来的日子里爱拼搏，能奋斗，心态阳光，积极向上，脚踏实地，勤奋努力……

语文特级教师钱梦龙认为，看一位老师是不是好老师，只看一点就可以，就是看他怎样走近学生。如果一位老师走近学生的时候，尤其是走近所谓“差生”时，他的表情是温和的，语调是热烈的，心情是阳光的，就可以大体判定他是一位好老师。

一位高中政治老师给我讲了一个故事。有一天，他收到了一个已经上了大学的学生的微信。这位学生告诉他，导师指导她做课题，主题就是老师的影响力。看到这个课题，她脑子里瞬间就跳出一个人，就是这位改变她一生、让她感动一生的高中政治老师。

她对他讲述了埋藏在心底的故事：高中一年级时，她的学习成绩很差，她感觉很多老师都不喜欢她，为此感到很自卑。某一天，她向他请教问题时，他笑着对她说：“孩子，你的声音特别好听。”她说，听到老师的评价，自己激动了好几天，没想到自己竟然不是一无是处，声音是自己的优势。为了把优势放大，她就把考取中国传媒大学作为目标。仅仅是一句话，孩子感受到老师对自己的欣赏，从此彻底转变，用努力回报老师。后来，她的高考分数远超中国传媒大学的录取分数，最终她选择了一所令自己满意的学校。

讲完这个故事，我看到他眼中充满激动的泪花，我听得也很感动。因为一句欣赏的话，触动了孩子的心灵，改变了孩子的成长轨迹。一件简单的小事，成了孩子成长过程中的关键事件。

陶行知先生说过一句名言：“你的教鞭下有瓦特，你的冷眼里有牛顿，你的讥笑中有爱迪生。”

教师一定要明白谨言慎行的重要性，因为一句话就可能伤害孩子的心灵，如若小心呵护，用话语温暖孩子，用心灵靠近孩子，让彼此成为有“温度”的人，不经意间就会发现，今天所谓的差，将来有可能是优秀的因子。

在陪伴孩子成长的路上，绝不是转变了几个孩子就等于看懂了教育的玄机。我们要以清醒的头脑，了解教育的内涵，成为一个真正的明白人。

凭什么让学生喜欢你

曾经对学生做过一项调查：你最喜欢、最敬重的老师是什么样子？学生的回答五花八门。学生心中好老师的形象虽然不尽相同，却有共性：幽默、有才华、和蔼可亲、平易近人、学识渊博、不爱批评学生，能写一手好字，能画一幅好画，能唱一首好歌……这样的教师最受学生喜欢。

学生喜欢某位教师，一定会有自己的理由。学术魅力也罢，语言魅力也好，总有一方面是让学生对他敬佩、对他羡慕、视他为榜样的。

我在网上看到一则消息：安徽省某县某中学的晚自习期间，初一某班的教师要学生交试卷，但几名学生不愿意上交，在教师的追逼下，学生对教师的不满情绪爆发。瞬间，师生恶语相向，甚至起了肢体冲突。这一消息让人痛心不已。学生为何如此排斥？教师为何步步紧逼？师生关系何以僵化到如此地步？

在日常教育中，我们过分强调学业、成绩、前途，缺乏平等、尊重和包容，忽略学生作为独立生命个体的存在。我们用“过来人”的经验，把自己的价值观强加给学生，没有考虑他们丰富的内心世界，学生用偏激的行为表达不满，也就变得不难理解了。

凭什么让学生喜欢你？“什么”是核心和关键，是每一位教师应该追问的问题。马卡连柯说：“学生可以原谅老师的严厉、刻板，甚至吹毛求疵，但是不能原谅他的不学无术。”试想，一名知识水平有限的教师，仅仅传授课本知识，怎么会吸引学生？从某种层面来说，学生喜欢的教师，一定有学术方面的魅力。

对一名知识不渊博的教师，学生会打心眼儿里不服气，喜欢更是无从谈起。教师若有深厚的学术功底，便拥有了底气，更具有了招学生喜欢的资本。学生喜欢教师，往往是因为喜欢上他的课，为教师的课堂教学魅力所折服，从而愿意接受教师的教学思想。

我上中学的时候，有一位生物老师，他讲课的方式是照本宣科。45分钟的课，他先读书上的内容，然后让我们背相关知识点，就这样过去了。一节课，就是“听书”和“背书”，每节课都如此，我们感觉不到任何趣味，感觉像受罪。每次上生物课，我都心烦，实在听不下去，生物的成绩自然也不理想。这还不算，最关键的是，初中的经历让我落下了对生物不感兴趣的“病根”。

菲尔兹奖获得者丘成桐教授曾经谈到自己喜欢的老师和不喜欢的老师，他这样评价自己喜欢的数学老师：数学老师教授的内容比课程来得更艰深，但是丝毫不觉得费力气。虽然同学们叫过苦，但是总的来说，数学成绩都不错，这叫“取法其上，得乎其中”。他谈到物理老师时，评价物理老师不太行，无法培养学生学习物理必备的直观思维，以至于他多年后还“心有戚戚焉”，对此不无失望。他谈到国文老师时说，国文老师教导学生思想不要落入俗套，要读好书，也要读烂书，以资比较。国文老师的观点，影响了他以后的科学生涯。

教师的学术能力对学生的影响是深远的，对学生未来的发展起着一定的导向作用。教学有特色，管理有风格，育人有特点，这样的好老师在哪里都会受到欢迎。

苏霍姆林斯基曾说，一个无任何特色的教师，他教育的学生不会有任何特色。有特色的教师，才能打开学生心灵世界的窗户，让学生在成长的过程中感受到前途一片光明，收获满眼的精彩。

教师有特色，是学生喜欢的缘由，更是吸引学生的法宝。

中学时，我非常喜欢我们的数学老师，他说话风趣幽默，他的课堂氛围轻松和谐，他的课总是和别的老师不同。在他的课堂上，同学们从不会因为回答错误而受到批评，也不会因为考试不理想而受到惩罚。每当来到学校时，他总在教室等着我们，他会用课前时间帮我们补习知识的“短板”，也会在周末或课后引导我们走向乡间的田野，让我们在大自然中陶冶情操。他让我们出试卷考老师，让我们当“小老师”……他用多种方法让我们快乐地学习数学，使我们的学习没有任何压力和负担。我们每天总是期待着上数学课。在我心中，我的数学老师就是一位好老师。

我成为老师后，立志要像我的数学老师那样做一位学生喜欢的老师。我时刻以他为榜样，用曾经喜欢老师的心理来解读学生的内心世界。时至今日，他的言行举止仍深深地印刻在我的心里。无论过去多少年，我们全班的学生提起他来仍然念念不忘。

我身边也有很多教师总有一种控制欲，想牢牢地把学生掌控在手中，只认同刚性管理。超越了教育的度，往往会起到适得其反的效果。这就如同放风筝，线拉得越紧，反而越容易失控，长久下去，学生自然会厌倦。

特级教师管建刚曾经谈道：“课上，同学们能够笑三次，是我认为自己的课成功的唯一指标。”这样的课堂自评标准，体现的是以学生为中心的理念。他认为，学生是课堂的核心，是教学的根本所在。在放下架子、蹲下身子与学生亲切对话的课堂中，教师不仅做到了释放自我，也给学生营造了愉悦的学习氛围。

要打造轻松课堂，不仅要以学生为本，重视学生的学习需求，更要让学习成为一种享受、一种愉悦。

教师要懂得学生需要什么，知道学生心里想什么，然后学会适当放手。成长就是一个慢慢放手的过程，因为学生的生命、生活，终归是他自己的。放手并不意味着放弃，放手是让他自己慢慢地学会适应，慢慢地长大，慢慢地成为最好的自己。

在学校生活中，师生在不断地进行精神对话，这个过程对教师提出了更高的要求，要求教师把积极因素融入学生的精神生命中。对学生成长来说，就相当于给予了他们永恒的财富。

一名教师，如果负能量满满，仅仅满足于上课、下班、完成任务，不思进取，在教育上没有宏图大志，沉浸于对工作挫折的伤感和失望之中，缺失应有的精神头儿，没有突破的勇气，贪图安逸，就会把消极的因素传递给学生。这样的教师不可能得到学生的尊重，更难得到学生的喜欢。

诺贝尔文学奖得主大江健三郎在《为什么孩子要上学》中说，孩子来到学校是为了和过去的人们进行生命的衔接，在互动中体验自己生存的意义，实现个体特殊经验的创造和拓展。

让学生喜欢，就是用我们的经验与学生的生命衔接，使学生认识到成长的价值，体会学习的魅力，不断调整自己，去体验、探索、思考，实现一次次的进步。

让学生喜欢，就是用我们生命中的积极因素，积极地与学生的生命衔接，让学生感受教育的美好，感受师生共同生活的快乐，感受成长带来的幸福。

让学生享受教育的温暖，主动权始终都在教师手中。

把真正的教育意图隐藏起来

一位同事经常在办公室说起这样一个问题："为什么一件事情，没少和学生讲，也没少交流，更没少谈大道理，但是学生总不往心里去，总是犯同样的错误？感觉每一次的教育，都收效甚微。老师前面讲，学生后面忘，老师话没少说，道理没少讲，效果一点都不好。"

同事是细心人，同样一件事情，总要比别的老师多讲几遍。为何事与愿违？同事很烦恼。其实，说教最直截了当，效果却大打折扣，难以达到预期效果。

一个朋友的孩子在寄宿制学校上学，他非常不喜欢他的班主任。中午学校留给学生吃饭的时间不到 20 分钟，他吃饭速度不是很快，每次都受到班主任的批评。让他最受不了的是，有一天班主任四次在教室里说这件事情。教师所谓"对孩子好"，在学生这里，变成了对教师的厌恶。

两件事放在一起，的确能给我们很多启示。教育学生，不能仅仅从教师的角度出发，如果换位思考就会明白：解决问题其实并不需要太过直接。

我曾经开车上山，狭窄的盘山小路蜿蜒崎岖，一边是高山，一边是悬崖。最好的行走方式就是盘曲着上山，寻找安全路线，避开高山险壑，这样才能到达最终目的地。如果笔直地上山，哪怕是再小心地行驶，都不可能到达目的地。

苏霍姆林斯基曾说："造成教育青少年困难的最重要的原因，在于教育实践在他们面前以赤裸裸的形式进行，而处于这个年龄段的人，就其本性来说是不愿意感到有人在教育他们的。"

迂回的方式，反而能收到意想不到的效果。教师应该隐藏教育目的，用无痕教育的方式，潜移默化地滋润学生的内心世界，在学生内心慢慢留下印记，让教育在不经意间种植于他们的心灵。

有一年，我所任教的班级转来了一个女孩，以前她因为成绩好，特别受老师重视。最初的几天，对待所有学生都平等的我让她极度不适应，她希望老师对她关爱有加，哪怕只有几天没有得到特殊的照顾，她都会感到很失落，觉得很不开心、很不幸福。有一次上数学课，她没有被提问，下课后她专门写信给我，诉说自己的"难过"："刘老师您太偏心，太不考虑我们这些学生，太不重视人才了，在不被您关注的学生里面，就有不少人才。"随后，我又收到一封封她的来信，核心内容都是表达自己的"怀才不遇"。

有一次，她写的一句话让我印象深刻："也许是我太好强的缘故，我经常拿自己和全省、全国的优秀学生比，我要想办法超越一切人，也许是目标太大，我感觉自己过得并不幸福。"

她的好强吓住了我，我希望她能调整心态，成为一名有阳光心态的学生，不要好高骛远。我对她讲了很多次关于太好强的弊端，但是每次谈话都没有什么效果，虽然入脑，并不入心。她也知道过度好强不太好，但是谈话对她行为的改变帮助并不大。

在随后的日子里，我没有刻意围绕"好强"做文章，而是言传身教，在和她相处的过程中，树立阳光教师的形象，让她慢慢想、慢慢悟。我没有过强的教育目的性，就像苏霍姆林斯基说的那样："教育者的教育意图越是隐蔽，就越是能为教育对象所接受，就越能转化为教育对象的内心要求”，变显性教育为隐性教育。在耳濡目染中，我发现她的行为发生了变化，她也渐渐地变得阳光起来，能勇敢地面对困难，也敢于面对挫折了。

通过这件事情，我明白了一个道理：教育不能一味苦口婆心地说教，需要把真正的教育意图隐藏起来，隐藏得越深，学生越不容易察觉到，教育的效果往往越好。以学生喜欢的方式和他们交流，不刻意地说教，才能让他们真心地接受，才能让没有发过光的学生发光，让不爱学习的学生主动学习，才能让他们享受学习的快乐。

我的儿子进入中学后，有一段时间，看到别的同学拿手机去学校，非常羡慕，经常缠着我，想带手机去学校，更想买一部好手机。我一次次地对他讲，学生不适合带手机去学校。但他表现出了青春期的叛逆，并不接受我的建议，一时间陷入了尴尬。

为了改变儿子的想法，我每周都陪着他读书，我们相约过没有手机的日子。我们谈《西游记》，谈孙悟空，谈西天取经的种种不易，谈孙悟空的转变。周日，我陪着儿子去远行，有时爬山，有时散步，用一件件有意义的事替代无聊地玩手机。在暑假，我和儿子一起做旅行规划，一起去旅行，实践“读万卷书，行万里路”，一路阅读，一路分享。在读书中，在旅行中，他的关注焦点自然而然地发生了变化，手机的事情就这样慢慢地被他忘记了，我再没有听他提起类似的要求。

隐藏真正的教育意图，不刻意提手机的事，只是用行动让他感受自我约束的重要性。父母的示范，会成为孩子最好的范本。

卢梭曾说：“学生看不到教育的发生，却实实在在地影响着他们的心灵，帮助他们发挥了潜能，这才是天底下最好的教育。”也就是说要用接近学生的方式，让他们自然地成长。

当教师成为智者的时候，教育的问题就会变得简单起来。隐藏真正的教育意图，体现的是大智慧。隐藏不代表不教育，而是用一种更理性的方式，让学生乐于接受，并心甘情愿地改变自己。隐藏真正的教育意图，体现的是对学生的包容和宽容。如果教师能包容和宽容学生，就会在师生的心灵碰撞中，听到学生生命拔节的声音。理解学生，就如同理解我们自己的童年。对于成长期的学生来说，大道理未必是他们喜欢听的，强制性的命令也未必能让他们改变想法。

隐藏真正的教育意图，体现的是教师的容错意识。犯错误，是学生成长过程中必经的阶段；错误，也是学生的一种表达。哈佛大学创新实验室和教育改革领导小组负责人托尼·瓦格纳说：“在这个世界上，想不经历失败而径直走向成功基本是不可能的，试错，才是人类不断学习的前提。”教师要抓住改变学生的微小机会，让学生在自己的帮助下完善想法、尝试改正，从而在改正错误中成长。

如何隐藏真正的教育意图，是一个值得尝试和探讨的问题。

要隐藏真正的教育意图，不妨改变和学生相处的方式，远离功利的心态。我们要懂得：我们管理学生是很有必要的，但是在管的过程中，要实现从管向教的转变。管，更多的是告诉学生什么能做，什么不能做；教，则告诉学生什么应该做，应该怎么做。在相处的过程中，教师不能高高地凌驾于学生之上，而要有信心，有耐心，有爱心，有尊重，有理解，有宽容。

要隐藏真正的教育意图，不妨改变仅关注学生的学习结果的心态，转而重视学生的学习过程，不让学生与自己期待的美好相隔绝。

中国工程院院士徐扬生认为：中小学生每天应该至少有一小时的自由时间，不论他们选择在这一小时干什么，其实都是他们思考的时间，因为学生即便是玩，也需要思考如何玩。换种思路，隐藏起真正的教育意图，给学生思考的时间，说不定他们会给我们带来惊喜。

教师比拼的是教育眼光

春节过后，我所居住城市的房价出现了跳跃性的增长，三个月的时间，每平方米增长了将近2000元。收入并不高的小城居民们有的喜有的忧。买了房的，喜笑颜开，喜悦于房价升高带来的增值；忧虑的人也不少，后悔当初没眼光，没有早点买房，现在买不起了。

从买房子想到教育，道理也同样如此。在培养学生方面，很多教师感叹自己没有眼光，没有给学生营造好的环境，没有采取好的教育方法去教学生；在教师专业发展方面，后悔没有坚持梦想，没有在专业发展道路上选择合适的路径，没能走得更远。

教育的眼光的确很重要，其背后是境界，是视野，是生活经验、教育经验的凝练和升华。这样的眼光，决定了是否能够看清未来的方向，看见自己所选择的路。

每年高考成绩公布的时刻，在不同的场合，听到的话题几乎只有一个，那就是有多少学生考入了名校。很多地方的很多学校，都以考上北京大学、清华大学为荣，并将这一点作为评价一所学校教育质量的标准。

既然讨论教育质量，就少不了讨论教师的眼光。某某教师怎么挖掘人才，具有怎样的高超提分术；某某教师有什么独门绝技，能使学生考出高分；等等。一时间，能教出考上名牌大学学生的教师，成了有眼光的优秀教师。

事实上，有眼光的教师，所关注的不仅仅是分数，他们可能会在两个方面显得与众不同：一方面，重视显性教育质量的提升，即注重结果，更多呈现在分数方面；另一方面，重视隐性教育质量的提升，即注重过程，关注学生的合作能力、问题意识、综合实践能力等难以测量的品质。有眼光的教师，一定特别注重培养学生的全面素养，这也是教育质量提升的核心和关键。

一般人认为，优秀教师教的学生应该取得理想的成绩，优秀教师带的班级应该表现出更高的素质。仔细想来，这种说法也不无道理。但在教育质量方面，要真想有过人之处，必须有独到的教育眼光。

我们不能只考虑今天的教育，要办未来的教育，就得站在未来的高度考虑今天。不仅要关注学生的今天，更要考虑学生的明天。我们教小学六年，要想着学生初中、高中的六年，甚至要想着学生本科、研究生的六七年。学生在小学的六年中潜力未必“爆发”，在初中、高中的六年中可能会大显身手，到了未来更是不可估量。

身边很多学生中途“爆发”的例子。在这些成长故事的背后，一定是有教师预见了他们的未来，正是这种远见，帮助学生从低谷走向高峰。

一位同事的儿子，小学时成绩并不算突出，看起来较为普通，在活动中，也看不出他有什么特长。在大家的印象中，他只是一个很普通的孩子。每天见到他，他都是乐呵呵的。心态阳光，性格开朗，是每一个人对他的评价。他的父亲是一位名师，大家感觉他没有把自己的儿子培养好。

上初一时，他儿子的成绩很不理想。他没有责怪儿子，在暑假的时候，他与儿子一起去了一趟青海，用将近一周的时间，环青海湖骑行了一圈。一路上，他只是与儿子谈古论今，谈天说地，跟儿子一起欣赏祖国的大好河山。没有一句说教，更没有一句责怪。一路上，父亲细心、认真、执着的品质，在潜移默化中影响着儿子。用同事的话说，成长的道理有时候是需要孩子慢慢感悟出来的。

上初二时，他儿子的成绩有了显著的变化。他仍然没有要求孩子考多少名，只是对儿子说，努力才是最重要的。到了暑假，很多成绩优秀的孩子都在补课的时候，他领着儿子去了西藏，一路克服困难，坚持到达海拔比较高的地方。这一次丰富的经历，给孩子留下了深刻的记忆。后来，他经常让孩子了解各地的风土人情，了解大千世界的美妙。在这个过程中，他自始至终没谈坚持，只是用行动诠释着坚持的含义。初中、高中六年坚持下来，他儿子考入了名牌大学，并且在大学中的表现非常出色。

教育比拼的不是“面子”，更重要的是“里子”。同事儿子的成功，是因为他遇到了一位具有教育眼光的好爸爸，没有泯灭孩子的天性，给了孩子充足的时间和空间，尊重孩子的个体差异，给孩子播撒了自信、认真、坚持的种子，才有了孩子最终的“大爆发”。

之所以为名师，是因为其有教育眼光，能比一般的教师看得更远一点，不跟风，不随波逐流，有对教育的独到见解，遵循教育的规律。比如，对于课堂教学，不能仅追求精致。精致并非教学的常态，教师精心打磨的仅仅是几节有代表性的课，代表不了教学的原生态，更贴近不了教学的实际。过度打磨、过于精致的课堂，会过分要求学生来配合。过度的开发、过分的设计，如同过度开发的景区，热闹非凡，却失去了朴素和纯真，更失去了教学本真的味道。

教师不能一味追求创新。创新并非每节课都要做到，一味追求创新，容易让课堂脱离学生实际，脱离课堂本质。不是所有的课堂都需要创新，不是所有的课堂都应该变得与众不同，就如同不能天天吃大餐一样，吃久了大餐也会厌倦。

有教育的眼光的教师，眼中看到的是充满个性特征的人，这样的观念才最具有发展性。苏霍姆林斯基说：“培养全面发展的人的技巧和艺术就在于，教师要善于在每一个学生面前，甚至是最平庸的、在智力发展上最有困难的学生面前，都向他打开他的精神发展的领域，使他能在这个领域里达到顶点，显示自己，宣告大写的‘我’的存在，从人的自尊感的源泉中吸取力量，感到自己并不低人一等，而是一个精神丰富的人。”

拥有教育的眼光，就是把对学生的关注变成无限的力量，让大写的“我”伴随学生的整个世界，让每一个学生自信地成长，成为立于世界的大写的“人”。

教育的眼光，是教师的法宝。拥有教育的眼光，关注自身和学生的成长，是对成长最大的负责。拥有教育的眼光，就是对问题看得准、想得透、说得清、讲得明、解决得好，深知发展的核心要义，懂得成长的关键。如果具备这样的能力，教师的教育之路一定会变得既通达又平坦。

不折腾，不足以成长突围

每一个人所处的环境不同，成长的速度也不同。如果一个人工作后，来到一个氛围较好的环境，有师傅的引领，有同事的帮助，他的成长就可能顺水顺风。如果处在一个成长氛围不佳的环境中，没有学习的气氛，没有引路人的指导，他的成长可能就是孤独的，甚至有可能处于停滞的状态。

环境会影响一个人对梦想的追寻。受环境潜移默化的影响，一个人可能变得优秀，也可能变得平庸。但不能总是期待单位提供怎样的平台，也不能寄希望于总能得到贵人相助，关键还在于自己的努力，以及为梦想付出了多少。

著名思想家梭罗有一句名言：“大多数人生活在平静的绝望中，只有冲出来，走出这种境地，才有生的希望!”有志向的教师要敢于冲向更高的平台，要从小河流向广阔的大海，要有驶向更远的远方的激情和冲动。

教师要敢于折腾。折腾，就是要勇于打破平静的湖水，打破原有的自己，激起成长的浪花，为自己的成长加速，完成自我的发展。

折腾，要体现在专业成长目标上，要有志存高远的理想、远大宏伟的规划，要能守住初心，不急功近利，不喧嚣浮躁，不随波逐流，不盲从，静静地守住教育梦，寻找属于自己的天空。

折腾，要体现在专业成长过程中，不能墨守成规。如果循规蹈矩，要想实现突破，就将是缓慢的，甚至会是停滞的。对于成长来说，需要在一次次大事件中实现突破，完成蜕变，用“催化剂”来为成长助力。

要想成为独特的自己，就需要有一种勇气、一种恒力，更需要有一种毅力，在折腾中凝聚能量，实现脱胎换骨式的改变。

折腾，是基于对成长目标实现下的自我突破，而不是随意的闹腾。它是对原有习惯的打破，是对传统认知的改变，是基于自我“不满意”基础上的自我革命，是一次重生。

我认识的两位教师，上学期间成绩都非常优秀。工作后，一位一直默默无闻，从未听到过他的消息，各种比赛中都未曾见到过他的身影，各种培训都没有看到过他参加。平时他很闲，用他的话说，自己过得安逸又舒适、幸福又惬意。职称评定前，他开始忙碌起来，他的忙是积极想办法评上区级优质课，努力想办法挂名课题研究。为了获得荣誉，他很积极，也很认真。为了实现这一目标，他伤透了脑筋。

和他形成鲜明对比的是另外一名教师。工作后，他兢兢业业，总是积极地参加活动，不断挑战自己，经常在区级、市级优质课活动中露面。他不仅积极参加各种培训，还逐渐成为培训者，大家都知道他是个爱学习的人。他从不计较得与失，而是在折腾中弥补自己的“短板”。自然而然，荣誉纷至沓来。

一位是追求安逸的教师，整天为职称发愁，另外一位是爱折腾的教师，整天为成长发愁。在最初成长过程相似的情况下，第一位教师成了最平凡的人，追求安逸成了他成长的最大敌人，也让他逐渐失去了优秀的资本。第二位教师，不满足现状是他最大的特点，他没有刻意地追求职称等成长的附属品，只是一心一意追求成长。

为何折腾？不单是为了变得与众不同，而是为了寻找更多的机会。在折腾的路上，能遇到开心的故事，留下深刻的足迹，找寻最美的风景，某一天回顾走过的路时，就会发现，这样的折腾不仅充实，而且幸福。

人生没有白走的路，每一步都算数。最清晰的足迹，一定是在最泥泞的路上，关键在于你是否敢于走上最泥泞的路，并在这条路上能坚持多远。

有一位朋友，在单位小有才华，她满足于现状，享受着慢生活，但是她自始至终感觉心里是空虚的，特别是做了学校副校长以后，更是逐渐放弃了专业学科。慢慢地，身边的同事超越了她，各自在地方上发出了有影响力的声音。这位朋友在长时间的思考后，大胆地挑战自己，重新开始从小学一年级带班，兼做班主任工作，在学科教学中倾注了大量的心血和汗水，坚持每天记录学生成长的故事，并陆续在核心期刊发表文章。她还开通了微信公众号，筹建了网络工作室，积极参加各种高规格的学术交流活动。

她用打破平静的折腾，为自己赢得了走向更高平台的机会。用她自己的话说：“忙碌的背后，是充实，是精神的丰盈。在折腾的过程中，我遇到了梦想的同行人。大家志同道合，彼此激励，我感受到成长的温暖，感受到成长的幸福，提升了自己的幸福指数。”

当然，折腾也讲方法和策略。若没有目标，方向不清晰，道路不正确，折腾就会失去意义，偏离初衷，反而成为制约发展的绊脚石。

折腾有个前提，那就是发展自己，服务学生。基于这个前提，应该清楚自己的“长板”和“短板”是什么，明白自己的需求是什么，懂得自己要改变的是什么。知道自己所需，就能懂得如何折腾。

折腾，是对成长路线的谋划。教师要在折腾中超越自我，追寻新的目标，开始新的学习，走向新的平台，适应新的形势，在发展中突围，实现教育人生的一次次改变。

2010年，我获得了省级优质课一等奖。在课堂教学水平获得进步的同时，我遇到了一个会令一线教师尴尬的问题：面对教学，我们更多的是去实践，对教育理论却知之甚少。为了更好地取得突破，我开始折腾。我制订了近乎苛刻的学习计划，珍惜每一次学习以及与专家面对面交流的机会，重视每一次进修并反思日常教学，每天坚持认真读书并坚持反思。我还相继参加了省级教师技能大赛、省级信息技术整合课比赛等。从巩义到焦作，从郑州到开封，从鹤壁到南京，一年的时间，我通过参加河南大学在职研究生课程研修班、参加"国培计划"等培训聆听了近百场专家报告，阅读了近百本教育理论书籍。折腾，给我带来了质的变化，知识的储备让我在课堂教学中更加得心应手。准备每一节课，我都更加兴趣盎然。在我眼中，每一节课都变得充满了诗意，都变得更加有味道，都让我迷恋。

折腾的第一阶段是掌握教师职业的基本技能，第二阶段是追求技能的突破，第三阶段是追求精神上的充盈。没有一系列的折腾，就不会有厚积薄发。

我相信每一个人都有或多或少的折腾经历，经历过成功，也遇到过失败。无论结果怎样，都需要我们有这样的一种心态：宠辱不惊，看庭前花开花落；去留无意，望天上云卷云舒。无论怎样，都要得之不喜，失之不忧，宠辱不惊，去留无意，要有一种敢于攀登的心态，更要有一种大格局。

敢于折腾，就等于给自己创造一个个黄金发展周期，让自己在黄金发展周期内找寻机会，茁壮成长。我相信，只要坚守自己的信念，学会折腾，然后去期盼、去追寻，一定能让生命绽放得更加美丽，也一定能迎来一次次的成长突围。

用学习场替代名利场

我们身边不乏这样的现象：某教师在取得些成绩、小有名气之后，开始在朋友圈、微信群、微博“营销”自己，提高曝光率，刻意“刷”存在感，时刻出现在别人的眼前，积极引起别人的注意。如果去某地培训，要“晒”照片；若得到别人的评价，更要“晒”；别人夸奖自己的话，特别要“晒”。各地做报告的照片，培训教师的视频，奔波于各地的车票……这些都是他展示的核心内容。

对于这种教师来说，展示什么不重要，显示每天不闲着才重要，要给别人营造一种自己很“抢手”的感觉，这是自我营销的策略。一切的经营，都为了实现一个目标：表明自己是足够优秀的教师，有足够高深的学问，过着足够忙碌的生活。

学术达到一定层面之后，有些教师开始用经济的标准来量化、体现自身的价值，追求功利的最大化。对于各种培训邀请，他们不看培训的价值和意义，而追求出场费的多少和规模的大小。朝着这样的目标而去，势必会滋生很多功利性追求。教师追求轰动效应，希望能够成为别人学习的对象，追求“包装”，希望给人们展现华丽的效果，于是，在名利场的道路上越走越远。

还有一些教师在成长中，沉醉于学习的世界，一次次地历练自己，阅读书籍，研读课例，分析教材，读懂学生……用一切可以助推自己成长的方式磨砺自己。这一系列学习的背后，体现着成长的艰辛和不易；密密麻麻的学习笔记的背后，是清晰的成长足迹；执着的学习劲头背后，是对梦想的坚持和坚守。

在不断学习中，积累破茧成蝶的能量，实现自我蜕变，是这些优秀教师身上的宝贵品质。凝聚成长的动力，营造成长的氛围，形成成长的能量，凝聚成长的精力，让学习成为习惯，构建强大的学习场，是走向成功的秘密武器。

在教育生活中，总存在一些功利、浮躁的影响因素。能否抵得住诱惑，能否坚持住初心、淡泊名利，能否用学习场替代名利场，这是教师能否走向远方的关键。

我曾有过进入名利场的经历。被评为河南“最具成长力教师”和“河南省名师”后，我非常兴奋，在自己的博客中，就把这两项荣誉呈现在自我简介中。从农村的一名“草根教师”成长为名师，那一时期，我难以抑制内心的兴奋，让别人看到自己的成就，算是一种激励和褒奖。

因为我天天更新博客，吸引了一批关注教育的“粉丝”。某一天，一位教师给我发私信，他直言不讳地说：“为何要把自己的荣誉呈现出来？真正的优秀无须介绍，真正的实力无法遮盖。”

这位教师的话很尖锐，不太好听，我至今也不知道他是谁，但是我认为，他的思想境界的确与一般人不同。

我原本没有过多的想法，只是无意之举，被别人这样评价，心里很不舒服。当时我很委屈，感觉他说的话太偏激。那么多人都这样介绍，为何我这样介绍就是高调？我当时想不通。但为了不引起别人的误解，我删除了相关内容。

之后的日子，我变得低调。他的话犹如警钟，时时在我耳畔回响，让我对成长之路进行了更多的思考，让我有了更清醒的认识：我要回归学习场，把所有的荣誉当作过眼云烟，不应该把这些铭记心中。

今天想来，这位教师说这番话的初衷，是对我成长的善意提醒，是站在局外人的角度给当事人指点迷津。就是这次提醒，改变了我对荣誉的看法。在不经意间，我进行了一次学习场和名利场的成长辩论。

学习场和名利场是一对矛盾体。学习场需要的是坚持，不骄不躁，保持恒久的动力，不断攀越成长的高峰，走向人生的辉煌。名利场满足的是一时的利益，填补了虚荣心，导致人不断迷失自我，失去成长的动力。

一个人在成长中会经历成功，迎来成长的高峰；也会遭遇失败，走向低谷。处于高峰时，往往为成功欣喜若狂，前行如同“充电”，有用不完的动力；处于低谷时，感觉整个世界都对自己不公，前行会出现暂时的“断电”。

而进入学习场，就要保持淡定从容，胜不骄，败不馁，对成功和失败有清醒的认识：成功时，不沾沾自喜；失败时，不意志消沉。

学习场和名利场是一个共同体，会时刻伴随在我们左右，每一次成长的关键事件背后都有它们的存在。怎样抉择，取决于一个人教育的定力、成长的动力、辩证的认识、正确的决定，这些都影响着人未来的发展方向。

任何人都不能纠缠于名利场。在成长过程中，很多人可能会走弯路，而成长就是让人在不断调适中，找寻最佳的路径，发现最适合自己的方式，成为另外一个版本的自己。即使头脑中涌现过关于名利场的想法，也要将其抛弃。如果不能将学习场贯穿于成长的始终，就随时有可能向着反方向发展，所谓的“成长”最终就会变得难以“长成”。

我身边就有这么一个例子。一位非常优秀的小学英语教师，十几年前便在省级优质课中崭露头角，位居前几名，可谓“一课走红”，成了地区的“讲课高手”。短时间内，他几乎走遍了省内外，成了当地的骄傲。他年纪轻轻，就被评选为特级教师。获得一系列荣誉之后，要求高出场费、出席高规格的学术研讨会成了这位教师的追求。他渐渐地远离了我们的视线，除了偶尔在杂志上见到他的身影，再也看不到他的踪迹。后来，他跳槽到外地一所高薪的民办学校做行政工作，不再走进课堂，对学科的研究也停滞了，放弃了更大的学术追求。

我曾经与几位优秀教师聊天，他们原来身兼学校行政职务，然而过多的行政工作分散了他们的精力，他们经常顾此失彼。为了更好地追求学术，他们放弃了令人羡慕的行政职务，静下心来与学生待在一起，专注于学科教学方面的研究。我相信，在他们心中，学术的价值最大，学术的位置最重。他们愿意做不受打扰的研究者，默默地成长，放弃别人眼中的地位。这样的行动，是对学习场代替名利场的最好诠释。

真正有影响力的教师，“捧着一颗心来，不带半根草去”，精耕细作，钟情学术，心无旁骛，沉浸其中。他们身上更多的是成长的因子，没有功利的痕迹。一大批人纷纷来拜师就是因为他们的学术魅力。

每个人选择的道路是否正确，只能由自己来判断。但有一点是可以肯定的，陷于名利场的教师，很难再取得进一步发展。在名利场中，可能出名人，却不可能出教育者，更谈不上出教育家。

用学习场替代名利场，道路一定会越走越宽。

向“意料之外”打开自己

耶鲁大学校长苏必德曾说：“我对青年一代的建议是，尽可能保持开放的姿态，去学习新事物，认识新的与自己不同的人，去探索与所熟悉领域相去甚远的世界，我想这是最重要的事情。向‘意料之外’打开自己。”

人往往习惯于安定的状态。但无论在工作中还是在生活中，都应该向“意料之外”打开自己，这考验的是智慧，体现的是能力。开放的不仅仅是心境，更是对未来的期待。用宽广的胸怀接纳自己的不足，用开阔的视野看清努力的方向，不焦虑，不徘徊，不断地超越自己，收获最大的成功和感动。

就拿写作来说，2009 年以前，我的写作状态是自由和散乱的，谈不上是教育写作。我每天随心所欲地书写，只不过是随手记录了生活中的点点滴滴，没有多少教育的元素在里面。我也从没有想过在报刊上发表文章，因为在我看来，发表文章这件事情是遥不可及的。

2010 年，《教育时报》的编辑看到了我的博客，看中了一篇千字文《在坚守中享受孤独的美丽》，这篇文章记录了我坚守农村时的心境。“你的文字显示出数学教师少有的感性、细腻和激情，我准备刊发这篇文章。”编辑的话，让我兴奋不已。

没过多久，这篇文章就被发表了，这是我第一次在报纸上发表文章，没想到，发表文章竟然没有想象中那样困难。一次“意料之外”的惊喜，让我对写作充满了自信，教育写作原来离我这么近！

从发表第一篇文章开始，我才真正明白了教育写作的含义。在之后的时间里，我开始认真地记录成长感悟、教学实录、教育故事……只要有想法，我就行之于文。对于我来说，不管文笔如何，只要敢于并习惯于拿起笔来就好。

不过，因为我所记录的仅仅是想法，所以不仅写得粗糙，也没有理论的支撑，在我看来，就是记录教育生活的流水账。

我一次次地向报刊投稿，虽发表了一些文章，但更多时候，文章是被退回的。一时间，我又失去了信心。

编辑非常关注我的博客，时不时对我进行指导。特别是有一年，参加“国培计划”学习之后，我写了近20篇学习随笔。编辑看了之后对我说：“教育生活的剪影不能像流水账似的，要在自由、深刻的维度中，在高标准的书写中，学习名师、名家的写作技巧，形成自己的风格，找寻属于自己的教育世界。”

又一次“意料之外”的挫折，让我明白了如何更好地写作。一个人，最难的是看不到问题，不知道如何突破自己。真正看出自己的问题所在，往往离成功就不远了。

写作，不能仅仅凭着喜好，在擅长的地方发力。喜欢的，未必就是最好的。编辑的话朴实如水，点醒“梦中人”。不走出写作的误区，离教育写作的目标就会越来越远。高品质的阅读，能助推有内涵的写作。从这个时候开始，读和写全面融入了我的教育生活。我在读书中，实现对教育生命营养的汲取；在写作中，完成对教育实践的见证、规整和梳理。

有了一次次的思考和实践，并将其诉诸笔端，有了一篇篇文章的发表，我对教育问题的思考逐渐深入，对成长的梳理越发系统。

从此，我不断找寻成长的可行路径，获得了一次次的突破。成长路上每一次的蜕变，每一次不同寻常的决定，都改变了我的行走轨迹，让我长成了“意料之外”的样子。

我的一位同事，教龄接近30年，她在参加了几次高水平的研修班后，思绪难平。她在自己的博客中写道：“我处于一个尴尬的年龄阶段，专家、名师都已经到达了罗马，我还不知道通往罗马的路在何方。”功不成名不就，无助感、渺小感、渺茫感充盈于她的心头，她的心中五味杂陈。

其实，在2004年，这位同事就在《河南教育》发表了班级管理方面的文章。2009年，她成为学校的副校长后，不停地在班主任、校长、学科优秀教师三种身份间切换，用她的话说就是“在每一个方面的成长，还没有达到高原期，瓶颈期就到来了”。在和她的交谈中，我可以感受到她对成长的期盼和对当前状况的不满。“还来得及吗?”这是她经常问自己的问题，也是问我们最多的问题。

我与她分享过李镇西老师的成长故事。李镇西老师在25岁到45岁期间，没有获得任何来自教育行政部门的荣誉，他说：“当我面临在别人看来不公的事时，我就想，反正那些评优、选先、提拔和我没关系，那我就一堂课一堂课地上，一个班一个班地带，一篇文章一篇文章地发表，一本著作一本著作地出版。只要有足够的淡定、沉静，老天是不会亏待你的，我因此而享受到教育的巨大幸福感和成就感。”

成长无关年龄，无论到了怎样的年纪，都可以成长。关键就在于能不能对自己有“意料之外”的憧憬。

一个偶然的机会，这个同事听说有个高级研修班，全国知名学者闫学老师要带班一周。她听了很兴奋，马上报名，这一周的时间，她真正跟随名师在课堂中成长，经历了思想的蜕变，见证了成长的神奇力量。闫学老师所说的“沉浸十年，打造自己专属的教育品牌”，让这位迷茫的同事深受启发。“找准一个点，持续发力，定能成功。”这是她对自己的激励！

这位同事的故事告诉我们：走得久了，捆绑自己的枷锁、阻碍手脚的羁绊会变得越来越多，它们会成为沉重的负担，以至于使自己失去自由呼吸的空间。此时，一定要冲破原有的格局，革新求变，向“意料之外”打开自己。

向“意料之外”打开自己，全面发力，重点突破，将会打破原有的成长僵局。“每一个人的内心深处，都潜藏着一个连你自己都不知道的卓越的自己！”“所谓‘专业成长’，所谓‘超越自己’，就是用一生的时间，去寻找那个让你自己目瞪口呆的‘我’。”李镇西老师的这几句话，可以成为很多教师的座右铭。

成长就是逼迫自己接受一个又一个挑战，逼迫自己变成一个全新的人，让自己回首走过的路时，不留下青春的遗憾。

所谓“意料之外”，可能是意外，可能是惊喜，可能是困惑，可能是顿悟……经历了过程，倾注了思考，在某一时刻，倾听内心的感受，定会豁然开朗！这个时刻，往往会突然明白成长的含义，明白教育的真谛……

有一位青年教师，上班的第一周就找到我，说不愿意当班主任，说她实在管不住学生，没有一个学生听她的话，每天走进教室，她都很有挫败感，毫无办法，感觉很痛苦。我给这位教师讲了我第一年做初中班主任的故事。那一年，我教的孩子是乡里最好的中学选拔后留下的学生。班级中的 80 个学生，数学及格的竟然没有一个，带班难度可想而知。尤其是一名学生，天天打架。我找到他妈妈，他妈妈对我说，这个孩子已经是她三个儿子中表现最好的了。家长眼中的“最好”，却是我们班的“最差”。那时我每天都气呼呼的，后来，我那做教师的父亲说了一句非常朴实的话：“何必和孩子生真气呢?”父亲的话，虽然简单，却让我顿悟：教育，讲的是方法，有了方法，学生就会带给你“意料之外”的惊喜。

我还给这位青年教师分享了很多和学生一起成长的故事。她听了之后，满意地离开了。从此，她越来越注意教学方法，从带班初期的慌乱慢慢走向了从容。工作几年后，她在多种期刊上发表了很多班级管理方面的文章，年纪轻轻便出版了自己的教学专著，“意料之外”的成长副产品越来越多。她对我说，做梦都没想到自己会在班级管理上取得成绩。最初的“意料之外”是痛苦，后来却是幸福。

每个人的心中都有一个未曾实现的愿望，最激动人心的时刻莫过于愿望实现的瞬间。向“意料之外”打开自己，就是给自己一个个机会，使自己意外邂逅自己的心愿，满足成长的无限渴求，给予梦想无限的动力！

修炼三

明辨之师，凝练教育思想

在明师成长的道路上，明辨很重要，教师需要炼就“火眼金睛”。无论是发展方向之辨、教育理念之辨，还是教育现象之辨，都要求教师明晰地审视、明确地辨析，这样才能更好地分清正确和错误。

发展方向之辨让教师真正的实至名归。真正的明师，要对“名”有正确的认识。有些名师影响力较大，学术素养较高，真正负有盛名；有些名师像演员一样，演了一个让人景仰的角色，在教学上却没能让学生有所收获，只是空有名望，很少发挥学术的引领作用。对于“名”的辨析，关系到用怎样的行动来诠释教育。

有了对“名”的正确认识，自然能够走好从个体发展向群体发展之路，自觉地和志同道合的人形成一个学习共同体，满足自我成长的需求。

教育理念之辨有助于教师成为独特的自己，成为一名思想者。教师几乎每天都被新理念包围着，报刊中关于新理念的消息层出不穷，再加上各种教育论坛大张旗鼓地推介，不管教师愿不愿意接受，总要被灌输进一些新理念。教育理念之辨能使教师对教育问题的本质看得更清楚、更明白，不会在错误的道路上越走越远。

因为在此时，甄别新理念尤为重要。有些理念可能是有害的，只凸显“名”的价值，呈现了对“名”的渴望。很多人看不清楚，只能从众，随波逐流，偏离了初衷。

教育现象之辨是希望教师具有审慎的眼光，不雾里看花，不水中望月，不盲目崇拜，不妄自菲薄，通过对教育热点现象的剖析，理性地看待问题，用思辨的眼光，透过现象看本质，把自己的内部世界和外部世界对接，给更多的人有益的提醒。

从某种意义上讲，明辨之师是不断进行哲学思考的教师，在思辨的过程中能不断深入发现与理解，从不同角度去追问，在全方位的审视和思考中，在对教育规律的不断探寻中，形成思想体系，凝练教育思想。

徒有虚名与名副其实

在成长的过程中，总回避不了名利的话题。在名利的世界，你可以成为参与者，也可以成为旁观者，还可以成为评判者。名利时刻伴随在我们左右，所有人都无法逃脱现实世界中名利的干扰，对于教师尤其是名师来说，同样如此。

“名”，对于每一位教师来说，都很重要。没有名气，或知名度有限，影响力就可能会大打折扣，学术研究就难以发挥更大的作用。

然而，并非所有的名都实至名归。有些名师影响力较大，学术素养较高，是名副其实；有些名师空有名望，很少发挥学术的引领作用，是徒有虚名。

不妨从一些社会现象中做深入的思考。比如，每年到了高考成绩公布的阶段，刷爆朋友圈的一定是某学校的学生获得全省、全市高考文、理科状元，某学校的一本、二本上线率等信息。每一个学校都有自己的宣传点和立足点，每所学校似乎都负有盛名。名牌大学录取率高的学校，宣传点非常抓眼球：北京大学、清华大学录取几人。如若学校有了地区的文、理科状元，一定要把状元提在前面。这样的“金榜题名”，自然值得炫耀。这一招直接吸引人们的关注，优秀学生成就名校，胜过千言万语。恰恰是在这个时候，能看到一些让人啼笑皆非的“名”。比如，有一所学校一本上线人数只有30人，就宣传上线率比去年增长了120％。

年年如此“负有盛名”、给人感受如此好的学校，其实有的在当地只是教学质量普通的学校。它们的“名”，是硬生生宣传出来的，是自我标榜的。这样“负有盛名”的背后，更多的是徒有虚名，让人一眼就看出了教育的功利和浮躁。

名校为了“名”尚且如此，在此背景下成长的名师，也难免受此影响。某些地方，衡量名师的唯一标准就是学生的考试成绩，有了好成绩，“杰出”“十佳”等荣誉自然会纷至沓来。名师以培育名生为荣。教师为了能让学生考出好成绩，自己获得好名声，就出现了“吃小灶”、重点照顾的现象。

名师不应该在追逐外在效应的同时迷失方向，更不应该在追逐名气的同时敷衍、应付，不应该让人才培育的价值变得单一，失去必要的内涵。

成为名师之后，很多教师都被学校提拔到管理层，忙于各种事务性工作，难免要脱离课堂，走上行政管理之路。学校重点培养他们，让他们获得高荣誉，如“首席教师”“学科专家”等。然而，赋予名师以“名”，就能让他们负有盛名吗？当然不能。若名师不再研究课堂、研究教材、研究学生，这样的“名”就是虚假的。

我曾见过一些名师，追逐名利，不放弃每一个获得荣誉的机会，贴了一身的“金”，他们本应该闪耀出光辉，实际上，和有实力的名师相比，他们就显得黯然失色。他们的“名”，终不能让别人心服口服。要想让别人服气，就得用实力来说话，这是一个永恒的真理。

成为名师的教师，都曾是学校的拔尖教师，大都在教学上有过辉煌的成绩。如果成为名师之后，仅把名师看作一种荣誉，就偏离了出发点，违背了做名师的初衷。每一名教师，都要清楚地知道自己需要什么，追求什么，明白正确的名师之路怎么走。

如果名师真正名副其实，就一定能够实现很多人都有的朴素愿望——被人记住。被人记住并不是一件容易的事。被记住的人，有美好的一面，能打动人；有出色的一面，能感染人；有高尚的一面，能感动人。这样的“名”源于自然，来自实力。

名师对社会的贡献，很大一部分体现在学术方面。全国知名专家对区域教育的发展固然有影响力，但是真正改变一个区域教育格局的，可能还是当地的名师群体，这就需要他们用名副其实的学术影响力来说话。

名师的“名”还需要回到原点去思考，要追求“明”而不是“名”。钟启泉教授曾说，教师的实践兼具工匠的性质和专家的性质。工匠的性质在于察觉、技艺与态势，其基本的范式是模仿；专家的性质在于洞悉、思考与判断，其基本的范式在于理论和实践的统一。每一位教师都应该是工匠和专家的结合体，不仅要具有高超的技艺，更要有完备的理论，才能对教学的价值做出应有的判断。

“名师”是外部标签，受制于外部环境；“明师”立足内涵发展，取决于自我觉醒和努力。明师是名师的升级版，由“名”到“明”，是观念的转变，是思想的升华，是认识高度的提升。“名”终究都是副产品，沽名钓誉的人是成不了明师的。怀揣着对教育的虔诚，宁静致远，踏踏实实，才是成功之道。这样的价值追求，贴近每一个人，不仅对于名师来说有用，对于普通教师来说，也更容易自然而然地实现。

希望教师能带着思想出发，不被名所累，不被名所困，不刻意表现，不刻意迎合，不追名逐利，而是用梦想体现目标，用行动证明价值，做到名副其实。

顺其自然与营造自然

我的一位教师朋友年过四十，用他的话说，很没有成就感，感觉没有一件工作做得让自己满意，也没有一件事情干得漂漂亮亮让自己骄傲。同龄人中的大多数早已功成名就，就是在年轻人中，出类拔萃、崭露头角的也不少。自己不敢跟名师比，差距太远，没有追的劲头；更不敢跟年轻教师比，起步太晚，没有资本。

朋友说自己本不想随波逐流，就此颓废下去，但总是找不到努力的方向。该不该努力？努力了就有希望吗？每天他都在矛盾和纠结中度过：顺其自然地发展，心有不甘；努力的话，该定什么目标，未来之路在哪里？

朋友从教以来，几乎没有经历过几次成功，始终缺少成功的体验，缺少成就感，有此困惑也就不难理解。

顺其自然是一种自然成长的状态，这最接近生活的本来面貌，也最受人欢迎。但在自然状态下，每个人都很容易融入身边的大环境，习惯和身边人一样，过着平凡、平淡的日子，日出而作，日落而归，跟着时间的节拍，重复着昨天的故事。

十几年、二十几年始终站在原地，青春逐渐逝去，梦想渐行渐远，眺望远方的风景，感叹年华逝去的同时，越发对梦想产生憧憬。成长这条路，要自然而然地走下去并不难，想要获得成就感却并非那么容易。如果迷失，成长的路不但难走，并且愈发狭窄，如同走上了独木桥，难以找到通向成功的大道。

理想与现实的落差，让一部分教师陷入极度的矛盾中，因为看不清前行的路，内心自然会增添许多惆怅。一次培训后，有这样困惑的两位教师加了我的微信，与我聊起了她们的成长困惑。

一名年近五旬的教师，自我感觉属于成长平淡型，始终默默无闻地教学，没有体验过成功，也没有经历过失败。在她看来，她的教育生活如同白开水，每天到校、回家，两点一线，她感觉很平淡，也很乏味。

在顺其自然的惯性下，她一时难以改变自己，也难以突破自我的原始状态，这成了制约她成长的最重要因素。一个偶然的机会，她参加了本地的一个教师读书会。每个周末，她都在读书会中聆听其他教师的读书体会，慢慢地，她也逐渐成长起来，和大家分享自己读书的心得。过一种有思想的生活，是她找到的成长路径。

另外一位加我微信的教师，是一所学校的副校长。她原来是一名优秀的数学教师，后来因为课讲得好，学校领导提拔她做了教导主任，后来做了副校长。用她的话说，做管理工作后，整天忙得焦头烂额，忙招生，忙检查，还动不动受批评，杂事太多，虽然最喜欢课堂，却没有精力去上课。半年时间，在微信上，她几乎每天都在聊自己的成长问题。她顺其自然地成长，遇到的却是苦恼和烦心。后来她多次征求我的意见，想辞去行政职务，专心做一名数学教师，在她看来，这是唯一的成长方式。

两位教师看到了自己的问题，都想改变这种顺其自然的状态，实现成长的蜕变。她们心中的梦想，无论隐藏得多么深，都会时不时地冒出来，挠得心里痒痒的。

无论怎样的状态，都可以贴上“顺其自然”的标签，无论是否成功，是否努力，是否取得了进步，都可以用“自然”来形容。哪怕是不勤奋、不上进、不思进取，都可以以此来形容。在顺其自然的状态下，成功者寥寥无几。仅仅靠着天时、地利、人和综合作用下的成功，更多凭的是运气。要追求成功，仅仅靠“自然”的眷顾具有太强的随机性。

既然顺其自然具有不确定性，不妨换一种思路、一种方法，积极地去营造自然。营造自然有人为的痕迹，少不了人为的努力。在营造自然中，人对所处的环境积极地进行改造、改进、改变，营造出成长的环境，找寻适合自我发展的土壤，努力呈现一种接近自然成长的状态，构建自我发展的良好氛围。

营造自然就是在对梦想和理想的追求中，对成长环境、成长规划、成长态度、成长路径的营造，让成长更具合理性、发展性、持久性。营造自然的环境，是自我成长的救赎，更是自我成长的激励。

我有过类似的经历。1995年，我初为人师，到一所濒临倒闭的学校教书，在几间简陋得不能再简陋的教室、东倒西歪的办公桌的陪伴下，开始了自己的教学生涯。在一开始顺其自然的几年内，我几乎是在迷茫中度过的，很多人都觉得我将和其他人一样，平淡地过下去。我心有不甘，又不知道应该怎么做。一时间，我宛如被困在深山中，不断地摸索前行，一时之间却找不到出路！

还好，我没有迷失自我。我一直在这种简陋却安静的环境中，靠着满腔热血，追寻着自己的梦想。我想尽一切办法借书，拼命地读书，每天沉迷在课堂中，享受着教育的快乐。在物质匮乏的农村中学，很多人感觉我像疯子一样，我没有按照一般人认为的样子成长，而是在自我营造的“自然”中实现了改变，没有成为平庸人群中的一员。

看书、写作、打磨课堂，我在自己营造的“自然环境”里，品尝着成长大餐，让时光变得有意义。虽然我的身边没有喝彩者，但是我也感觉不到反对者。何况，自己在成长，何必那么在意别人的眼光？别人眼中的“刘疯子”，疯了一样地坚守着自己的梦想，在读书中享受着孤独带来的美丽，在最平淡的教学中回归本真。在一次次的营造中，虽然寂寞，却也幸福。

曾经看到一句话说得非常好：“我们总是喜欢拿‘顺其自然’来敷衍人生道路上的荆棘坎坷，却很少承认，真正的顺其自然，其实是竭尽所能。”自身的经历，让我有了更深刻的体会，我正是因为没有顺其自然，才能够营造自然，才有了后来的成长，才有了从农村濒临倒闭的学校中成长起来的幸福经历。

营造自然不是靠环境，关键是靠自己，这样才能有量的积累，并迎来质的飞跃。从顺其自然到营造自然，我经历了“山重水复疑无路，柳暗花明又一村”的困惑与重生，从某种意义上说也达到了王国维先生提到的“众里寻他千百度，蓦然回首，那人却在灯火阑珊处”之境界。

营造自然绝不是人为营造的虚假空间，不是陶醉在自我的小世界里，成为目光短浅的井底之蛙，而是在精心的选择中，在众多素材里，选择可用之物，精心加工，合理构建，建成属于自己的宫殿。

营造自然是一种境界，是一种追求，是经历了潮起潮落、花开花谢的淡泊，是看懂成长后的自我救赎，是积极的生命状态，是对未来的美好遐想。

从个体发展走向群体发展

从一名青涩的年轻教师，到一名优秀的拔尖教师，在实现成长的无数次突围后，到了一定时期，可能会产生这样的困惑：在各种交流中，尤其是在学术研讨活动中，自己的观点突然变成了大家的结论，不经意间，自己成了学术研究的权威。

这有什么不好呢？似乎没有。但是当自己可以一锤定音时，却发现身边少了一些可以进行深层次交流对话的伙伴，无法得到及时的业务指导，甚至和身边人讨论争鸣也变得难以实现。个体发展到了一定高度，再次突破就变得艰难起来，这成了一部分教师发展的制约因素。

在成长初期的很多时间内，成长依靠的是单打独斗式的拼搏，“自我”是核心，“独学”“独教”为特点，备课、上课、批改作业等是以独立的个体形式去摸索的。以自我为中心的成长期，自我发力，自我努力，自定目标，用自我的力量，实现厚积薄发，然后达到一定的发展高度，是这一时期成长的显著特点。

随着时间的推移，“独学”“独教”成了习惯。每一位教师最熟悉的，是作为个体的存在。个体没有真正融入到集体性质的教研中，难以进行有价值的集体备课。教师貌似在团队中成长和进步，但本质仍然是进行着“独学”“独教”。

个体要发展到一定高度，离不开前期的“单兵作战”。我身边有很多优秀的青年教师，他们在读书、写作中起步，在各种比赛中崭露头角，初露锋芒，小有成就，呈现出蓬勃的成长生命力。为了实现目标，他们自觉地打磨课堂，在读写中反思自己的教学行为，提升自己的学术修养。这一时期的更多动力，来自自我要求。随着自身的研究水平越来越高，渐渐就有了“独孤求败”的感觉，有困惑时，要找高手“论剑”就变得相当不易，因为能够与自己的学术思想对接的教师变得越来越少，心有灵犀的研究伙伴也逐渐难以寻觅。遇到难以解决的问题时，常处于无助的状态。

朱永新教授说过，促进教师发展有三个抓手：一是专业阅读，二是专业写作，三是专业交往。孤军奋战式的成长，很可能是“独学而无友，则孤陋而寡闻”。

因此，教师要突破孤军奋战的局面，让成长不孤单，在更高的平台上，由“独教”到“合教”，在合作共赢中解决制约个人发展的问题。这是教育理念更新的过程，也是教学行为改变的过程。

走向群体发展是专业交往的一种方式。要解决教学过程中遇到的实际问题，教师应学习别人的研究方法、研究成果，彼此激励，找寻科研的最佳方式，在深度交流和研究中取长补短、相辅相成，实现成长的突围，即走出一条同伴互助的发展之道，实现个人发展基础上的新突破和新发展。

从单兵作战到合作共赢，教师需要明白一系列的问题，比如是关注个人的成长，还是融入集体成长；是追求个人的“一枝独秀”，还是追求整体的“花开满园”；等等。这一个个问题看似是没有关联的，实际上事关合作能否成功。

从个人发展走向群体发展的范例很多。比如，名师工作室无疑就是凝聚优秀教师的地方，其工作形式灵活，充分体现了自助、自主，能促进教师自觉成长，在群体的实践和探索中构建了学习共同体。

在成为刘忠伟中原名师工作室的负责人后，我带领工作室成员，把向学生提供童话般的数学教育写进了研究日程。为了实现每个人的差异化发展，我们对比不同版本的教材，开展基于主持人和成员之间、成员和成员之间的深度同课异构活动；“厚读教材”，深入解读每一节课的编排意图；“厚研专家”，认真分析了曹培英、郑毓信等名师的相关课例分析文章。我们用睿智的解读、巧妙的设计、周密的构思、经典的课例回归学科本位，还原了数学本色，关注学生的“真思、真学、真需、真趣”，践行了课堂的内涵，在群体发展中不断反思课堂教学，与自己的思想产生激烈的碰撞，进行着一场“静悄悄的革命”。

由于区域内群体发展的力量是有限的，我们又会聚全省中原名师小学数学工作室，构建小学数学发展共同体。2016 年，河南省 10 个中原名师小学数学名师工作室联合起来，举办小学数学共同体活动。工作室中成员相聚，碰撞出了思想的火花，围绕成长的话题、教育的话题，深入地研究，认真地解析。

会聚更多优秀教师的大群体，促进了工作室的二次发展，实现了由小工作室到大工作室的转变。在联合发展过程中，每个人都有压力，学术研究就增添了更多动力。

从个体走向群体，能够引领区域教师找准学科教学的方向，进行学科教学的引领和示范，服务于区域内教师，为学科教学改革提供新思考和新思路。

我们从区域内名师成长走向省内名师抱团发展，借助团队的力量，通过名师工作室的深度交流，进一步推进了数学课堂教学改革，发挥了名师的辐射作用，同时探索名师成长新模式，实现了名师的进一步成长。

在深入的研究中，每一个团队都会重新定位。比如，我们工作室在群体发展中就提出了“提炼每个人的教学主张”的思路。这种想法是基于名师的定位来说的，即一定要关注对理论的学习与研究，行走在理论研究与实践探索的路上，逐渐实现从教育实践家向实践型教育家的蜕变。

从个人发展到群体发展的途径有很多，采取什么方式不是最重要的，最重要的是抱团取暖，遇到困惑互相帮助，遇到困难互相打气，在一起研究、一起分享、一起学习中智慧地合作、交往。

从个体发展走向群体发展，是和志同道合的同路人一起，营造强大的学习场，构建学习共同体，不受过多的干预，不是“被成长”“被发展”，而是主动成长、积极成长，满足自我成长的需求。

知是行之始，行是知之成，知行合一，从个人发展到群体发展，就是思想的解放、知行的合一。

教师不要随波逐流

如今，我们几乎每天都被新理念包围着，报刊上关于新理念的消息层出不穷，各种教育论坛大张旗鼓地推介新理念……不管愿不愿意接受，我们总会被灌输进一些新理念。

当多种新理念相互冲突的时候，有些教师就逐渐变得迷茫起来，感觉无所适从，不知道方向在哪里。这个时候，从众心理占了上风，他们便随着别人的脚步，变得随波逐流起来。

然而，有些新理念是这样产生的：一些未经证实的经验和做法，甚至是想法，在精心“包装”之下，摇身一变，就成为理念，不管其是否成熟，不管其是否可行，就被推广开来。

例如，某专家提出了“××语文”教学理念，引起了跟风，在微信公众号上总能看到相关的文章。如果只有几位教师学习、模仿、实践，倒也无关紧要。问题是，有些学校要求全部教师都去向他学习。全校性的学习，能否达到预期效果不得而知，但让已经成熟的教师，转变原有方式，按照新方式上课，这种做法值得商榷。

一线教师是新理念的实践者，对新理念践行后的效果有发言权。无论多么高深的理论，都是为教育教学服务的，都是为学生的发展服务的。如果教师随波逐流，追求未必切合自身实践的新理念，就有可能让理念成为空中楼阁，不仅没有生命力，还有可能贻笑大方，甚至对学生造成不良的影响。

李镇西老师讲过一个故事。他在读博士的时候，读不懂某位专家的理论专著，便向朱永新教授请教，想得到一些学习指导。朱永新教授对他说，读不懂就不要读，也许写理论专著的专家也没把道理搞明白，否则读者怎么会读不懂呢？真正的道理肯定是深入浅出的。把读者搞迷糊了的理论，存在的价值和意义是什么呢？这样的理论，生不了根，发不了芽，只能处于实验室之中，没有生存的环境和土壤。

新理念也是如此，也许“发明者”还没有想清楚、悟明白，就推而广之，使之成了教育新思维、行动新指南。很多人在迷迷糊糊中开始，在马马虎虎中进行，在随随便便中失败，最终只能从懵懂走向困惑，再走向放弃。

不管是行政推动，还是学校推进，教师保持清醒的头脑很重要，要有“咬定青山不放松”的意志，边学边思，不能想都不想，更不能胡思乱想。

仅看到新理念表面的浮华，未曾了解它的内涵，便将其当作新的思想，只能逐渐失去自我。在对新理念的仰慕中，急于改变自己，便有可能迷失方向，在迷茫中逐渐看不清前行的路。

而且，新理念一定新吗？我看未必。

一些所谓的传播新理念的高峰论坛，对理念诠释得似乎很到位，但仔细一想，有些新理念不过是“新瓶装旧酒”，穿着美丽的“外衣”，起着动听的名字，却走着传统的老路。对于这样的新理念，有必要“打打假”，不能让这些华而不实的宣传污染了教育的纯净。

不随波逐流，就是保持清醒的头脑，冷静地看问题，有清晰的方向，知道自己要做什么，清楚自己要发展什么，明白哪些理念是自己应该学习的，哪些理念是应该摒弃的。不管在教学中使用什么样的教育理念，只要心中装着学生，装着课堂，追求成长，你就会发现，思路很清晰，方向很明确，道路也很宽广。

不随波逐流，就是不跟风，有教育的定力。一名随波逐流的教师，很难有自己的教育信念，更不可能成为有思想的教育者。随波逐流，人云亦云，本身就代表对教育的思考不够深入。泛泛而谈的理念，更是浅层次的思考。

有主见，能更好地坚守自己的理想，会思考，就能够成为一名思想者，而随波逐流只能使我们个性的光辉淹没在芸芸众生之中。

钱理群先生曾说：“我们通常讲，教师不是教书匠，区别就在于教师是有自己的独立思想、信念，有自己的教育理念和追求的。”他认为教师要做思想者，当然，不能要求所有的中小学教师都有理论兴趣、理论修养和理论创造，但要用自己的脑子去思考，对一切事情都有自己的独立判断，这是中小学教师必须具备的素质和品格。

不随波逐流，思考力很重要。有一段时间，我阅读了很多名师的教学设计，聆听了很多名师的课堂实录，不断研究名师的课堂，学习名师的教育思想。后来我发现，真正的差距不是能不能设计出一节好课，而是我们很多人停留在“做了什么”的阶段，但那些优秀的名师已经到了“成为什么”的阶段，这样的本质区别凸显了一般和优秀的距离。

善学者小得，善思者大得。要解放思想，才能成为一名思想者。很多教师容易故步自封，自设小圈子，停留在自己的世界中，因此很难再突破自己。

只有思想解放了，才会更清楚地看到外边的世界，有了大格局、高境界，才会不断找寻教育的新起点，让成长变得诗情画意，让教育变得既温馨又贴心。

教育家对教育的思考，可以给我们指明一些方向，如陶行知先生的“六大解放”、朱永新教授的“四大解放”等。有思想，才会有正确的判断，对教育问题的研究应该像陶行知先生说的那样，敢探未发明的新理，敢入未开化的边疆，具有创造精神和开辟精神。

解放思想，站在不同的角度看问题，会有“横看成岭侧成峰”的感觉。只有用多元化的方式看问题，以更高的眼界看教育，用更宽阔的视野做事情，无论出现什么情形，都会做出正确的判断和抉择。

教育者要逐步具有教育家的气质，具备成为创造型教师的潜能，不随波逐流，就会离心中的目标越来越近。

给教学模式泼点冷水

处在一个教育变革的新时期，身边名目繁多的教学模式层出不穷，不少人总是为一些新涌现出的教学模式所困惑。比如，搞不清应该学习哪一种教学模式，找不准定位，理不清发展方向，总在十字路口徘徊。

教师有这样的困惑，校长同样也有。一位学校的校长问我：“你是名师，你的课堂推行了什么教学模式？你们学校推行了什么教学模式？”“我的课堂没有模式，我们学校也没有推行任何教学模式。”他满脸疑惑：“没有模式，算课程改革吗？我们全区推行统一模式，搞得轰轰烈烈。我们区很多学校还在开发新的模式，目标是成为课程改革强区。”

学校热衷于推行、创造教学模式，其缘故并不难理解。一些学校靠着自己的教学模式快速走向了全国。如若教学模式构建好了，这所学校就可能成为区域课程改革的排头兵，学校有名誉，校长有声望，何乐而不为？校长当然愿意用行政性的力量，推动教学模式普及，以实现校长和学校的双赢。

可以说，现阶段，一些学校课程改革的力度是不够的。在学校课堂教学中，教师过度讲解、独霸课堂，学生被动学习的教学现象依然存在，影响了课程改革的推进，制约了学生的个性发展。在此背景下，模仿现成的教学模式就成了最直接、最快捷的方法。

学校貌似找到了破解课堂的密码，便开始“闭门”造模式，力求体现与众不同而创造出千奇百怪的教学模式。教学模式需要有好听的名字，不然不容易宣传；教学模式需要有固定的套路，不然不方便呈现。学校将教学模式“包装”起来，让其快速生根、发芽、开花、结果，就这样成为教学创新的代名词，成为学校课程改革的成绩单。

我不禁为这种风气而担忧：盲目追风下，教师应该何去何从？给教学模式泼点冷水，是希望教师对教学模式有理性的认识、冷静的思考，避免偏激的教学行为。

很多人认为，教学模式是青年教师教学的拐杖，能让其快速掌握教学新理念，使其在复制中创新，快速融入教学体系。

然而，这样的思想“忽悠”了部分青年教师。他们跟随着一股股“模式风”，处于“被吹动”的状态中，东风来了往西边跑，西风来了往东边跑，逐渐迷失了自己。

前段时间，我听说一位教师原本在小学数学教学领域颇有建树，曾经在省优质课比赛中获得一等奖，非常有个性和思想。学校在推行教学模式时，她被领导看重，成了排头兵、领头雁。然而随着时间的推移，随着课程改革的深入，她的课堂失去了往日的光彩，也不具有所推行的教学模式的特色。大家都说，她在改革中迷失了自我。

这位教师自己也想不通：自己努力学习前沿的教学理念，自身也很优秀，为何在教学模式的推行过程中，没进步反而退步了呢？自己为何从优秀走向平庸了呢？

于漪老师在谈到模式时说，大家用一个模式，会出现什么状况呢？标准化的教师。标准化的教师就无法张扬个性，才华和潜能自然就显示不出来了。很多教师很有才华，但是被框住了，潜能无法发挥。给教学模式泼冷水、降降温，从苏霍姆林斯基曾讲过的一个故事中也许可以受到启发。

一位刚从大学毕业的年轻英语教师来到一所农村学校，她心里有点忐忑不安：“我没学过多少教学法，可怎么工作呀?”但是没过多久，她的英语课就成了学生最喜爱的科目。

过去，学校里总有不少学生不喜欢英语，而现在，学生在她的课堂上被激起了求知欲，他们成群结队地去找这位英语教师：“您看看，我写的这篇英语短文有没有错误，我准备把它登在墙报上。”“这本英文书我已经读完了，再借给我一本好吗?”

精力充沛的英语教师总会满足学生的要求，还和学生一道组织英语晚会，排演英语戏剧，创办英文新闻报，准备英国文化艺术晚会，甚至找来许多复制品办起了“英国艺术博物馆”。

几年后这位教师因事离校，一位有 18 年教龄的知名教师代她上课。不料，没过多久学生的态度就发生了逆转，看都不愿看一下英语课本。

年轻的英语教师没有成熟的教学经验，更没有固定的教学模式，这样一位略显稚嫩的教师，和有着 18 年教龄的教师相比，无论是在教学经验还是在教学方法上都不占优势。但年轻的教师依据自身的特点，不循规蹈矩，不按部就班，而是根据学生的实际情况，满足学生的需求，用多元化的方式来教学，激发了学生的读书兴趣和自主意识，取得了理想的教育效果。

年轻的英语教师以学生为中心，教学方式自然、朴实、灵活，没有过多的束缚，清新自然。如果以一套成熟的套路、固定的方式来教学，极有可能让学生感到厌倦。不根据学生实际，不选择合适的教学策略，没有情感的交流，没有个性化的诠释，只有技术和手段，这样的教学很难取得成功。

另外，在课程改革中，总存在一种极端的现象：有人喜欢在肯定一种方式的时候否定另外一种方式。比如教学模式，在各种报刊上表现得尤其明显，为教学模式鼓吹者有之，痛批教学模式之弊端者有之，争论异常激烈。

给教学模式泼点冷水，并不是对教学模式全盘否定，而是希望教师能擦亮双眼，不再雾里看花、水中望月，不盲目崇拜、妄自菲薄，用思辨的眼光正确看待传统课堂、名师课堂与教学模式之间的关系。

传统的不一定是糟粕，流行的未必是真理。

有一部分教学模式，完全是应试教育的产物。某一所学校，升学率高，便成了教学模式好的代表。大家蜂拥而至，单纯模仿者有之，换个名字创新者有之。一场喧闹之后，大家发现，没有几所学校复制成功，这样的模式早已经远离了课程改革的初衷。

国内外中小学的革新经验表明，应试教育的课堂是以教师为中心的灌输式教学，只能培育“记忆者”；素质教育的课堂是旨在以学生为中心的教学，能够培育新时代的“探究者”。实践是检验真理的唯一标准，那种培养应试教育“记忆者”的教学模式，经不起历史的考验。

而且，尽管有很多不错的教学模式，却极少出现超越原创的升级版。究其原因，是没有适合所有教师的教学模式，没有适合所有课程的教学模式，更没有适合所有学生的教学模式。尽管学习者众多，却仅靠单纯的复制，没有让教学模式因地制宜，没有与教师教学能力、学生实际水平接轨，所以收到的只是“邯郸学步”“东施效颦”般的效果。

很多名师没有采用某种特定的教学模式，同样达到了教育的新高度。因为他们是在用思想引领课堂，他们因学定法，不因模式而套课。其课堂不仅有对传统的批驳，更有对传统的继承，对流行的教学模式也是“取其精华，去其糟粕”。

给教学模式泼点冷水，是希望每个人都静下心来思考。每位教师都有自己的风格、性格、兴趣、爱好、优势、能力；每个学生也性格迥异、所处环境不一；每所学校的教学基础、师资水平、科研能力不尽相同。用同一种框架去限定，无异于作茧自缚。

“教学有法，但无定法，贵在得法。”这样朴素的道理，应该是教师的价值追求，更应该是因材施教的必经之路。

“磨课”与“裸课”应是共生体

对于“磨课”，很多教师都不陌生，要么经历过，要么参与过，在展示课之前，尤其是优质课大赛之前，总能看到教师密集地“磨课”。要想在优质课大赛中获奖，“磨课”必不可少。结合丰富的教学经验，集合团队的智慧，设计一节好课，并对其推敲打磨，反复试讲，多次修改，仔细斟酌，很多教师下足了功夫，尽量呈现精致的课堂，让公开课更完美，从而在不同的平台上展示，在优质课比赛中获奖。

“磨课”的优点数不胜数，比如，在反复咀嚼新理念的过程中，能使课堂理念更加完善、教学环节更加严谨、教学设计更加出彩，使教师的课堂驾驭能力得到提升、综合素质得到提高。

特级教师窦桂梅曾说，公开课是青年教师最好的炼炉，你会在宽泛的阅读中积淀自己，在众多师傅的搀扶下学会站立，在无数次的打磨中得到提升，久而久之，当你蓦然回首时，就会发现在公开课的舞台上，你所成就的绝不仅仅是几节“代表作”，而是脚踏实地的精彩人生。

“磨课”是很多人公认的青年教师成长的路径。在《教育时报》评选的河南“最具成长力教师”的调查问卷中，有40％的教师的专业成长道路是从“磨课”开始的。

我就有过类似的经历。在毕业的第十年，我才迎来人生的第一次机会：参加优质课选拔赛。当时为了在选拔赛中取得好成绩，我对课堂进行了几十次的打磨，每一个环节、每一句话、每一个字，都成了我精心打磨的地方。讲一遍课，就要修改一次教学设计，我整整修改了60多遍。我还把课堂移到家里，家人成了我最忠实的听众。带孩子上街，我嘴里也不断念叨着，无数次的演练竟让我那4岁多的孩子说：“爸爸，我来给你讲讲这节课吧……”

稚嫩的我经过这次“磨课”才有机会真正走到了前台，走上了更高的平台，被大家所认识。这段历程，对于初出茅庐的我来说，是宝贵的财富。

“磨课”带给我的改变是巨大的。对于成长初期的我来说，“磨课”经历是使我的教学能力螺旋式上升的过程。因为在农村学校，我之前从未上过公开课和优质课，那是我第一次站在比赛的舞台，不知道怎样才能把课上好，也不知道怎样才能更好地适应不同学校的不同学生。但正是这在其他学校试讲的经历，给了我自信，让我尝试了更多的教学方法，积累了相对较多的经验。

在“磨课”中，团队会帮助你把优点放大，并结合自身特点，让优点更突出；也会把缺点缩小和弱化，以掩盖自身劣势。

然而，由于不断打磨，让课堂过于精致，就会使人感到不真实，有的人甚至为了追求课堂效果，加入了虚假、浮夸的成分。这样的现象，让批评中国式赛课的声音不绝于耳。特别是全国特级教师张祖庆的一篇《老师，你敢上“裸课”吗?》的文章，更引发了很多教师对“磨课”的声讨。

关于“裸课”，很早就有人提出过，只不过最近重新又引起了关注。什么是“裸课”? 很难找到统一的标准，但是基本上来说，不经试教的公开课或不用多媒体课件的课，便是很多教师所认为的“裸课”。

比起“磨课”，“裸课”更容易操作，既适合普通一线教师，也适合教学经验丰富的专家型教师。于是，叫好声一片。

有教师说：“我的课不需要磨，我要的就是原生态的课。”也有教师说：“没有一次次的打磨，不能磨去教师的缺点，教师永远不可能走向优秀。”有人认为“磨课”无须进行，并陈述“磨课”的种种罪状。有的教师也说“裸课”不过是给自己找的“假理由”和“真借口”。没有“磨课”，很难体会到讲好一节课的不易，很难做到课堂的自我监控、教学的自我反馈、环节的自我调节，对学生的学习也难以感同身受，这样的课堂不知道其“裸”的价值何在。

事实上，课堂不需要极端的认知。无论站在哪个角度看“裸课”“磨课”，都需要用辩证的眼光。用一种极端代替另一种极端，就容易走进误区，在误以为找到“新大陆”的时候，不知不觉中其实已经迷失了前行的方向。

是“裸课”还是“磨课”，最有发言权的还是教师自己。只有自己最懂得自己的问题和不足，知道问题症结所在，只有他自己才能结合课堂经验做出最佳的选择。

“磨课”和“裸课”并不矛盾，两种理念相互依存。没有思考的“磨课”，没有精心准备的“裸课”，都是课堂的灾难。

仔细想来，无论是“磨课”还是“裸课”，关键取决于怎样准备，怎样构思，取决于是为了形式，还是为了实质。至于是不是有意义，关键在于心中是装着自己，还是装着学生。

“裸课”与“磨课”这样的微观现象，给我们很多启发：任何事情，只要跟风，你就会永远跟不上，最终迷失在一阵阵旋风中。当“乱花渐欲迷人眼”时，一定不能简单地随从、盲目地跟风，不能失去必要的思考。

为什么很多人热衷起新名字

一次，我应邀参加一个区域内的名师教学成果展示课的活动，当地几位比较有影响力的名师展示了他们精心准备的研究课，上得都很好。

在随后的交流环节中，每一位教师都介绍了自己的教学理念。“活力数学”“睿智数学”“自然课堂”……他们的教学理念都被冠以响亮的名字。聆听他们的介绍，不同的课堂背后也有一定的深刻内涵。但是我总有一种感觉：这几节课用任何一个名字貌似都可以，反过来说，不用任何一个名字也不受影响。

不光是这些有一定成就的教师，很多有志于科研的教师也喜欢为自己的教学探索先起一个好听的名字，再去实践。我觉得这可能是在模仿名师的做法，很多名师的教学理念都会有一个名字；另外，一种教学理念有了一个好听的名字，更便于传播。粗略一想，这本来也没有什么问题。

在另外一次观摩课活动中，几位教师学习的是某位特级教师的教学理念，用他们的话说，是课题的成果展示课。在一天的时间内，我听了好几节课，我的感觉是，无论是同课异构，还是精心设计并打磨过的课堂，都与教师介绍的教学理念相去甚远。也就是说，他们所说的教学理念与他们的课堂实质基本上是“两张皮”，如果非要找出一些相似之处，也是外在和形式上的。这些教师都在用一种理念为自己的教学活动“贴标签”，实际上并没有落实这些理念。

我看到的某些教学改革或变革，都只是在做一种“贴标签”的工作，是在教学的形式上搞一些花样和变化而已，并未涉及教学的实质。

为什么要“贴标签”？为什么喜欢起新名字？因为我们都有一个认识：一个可以叫得出名字的新理念，往往是一次巨大的变革，甚至是一次革命，是以前不曾有过的，能解决无数原来无法解决的难题。也就是说，一个名字代表着一次伟大的进步。

但仔细想想，不只是教育，任何一项事业，需要改进的各种细节总是无穷无尽的，但真正有名有实的巨大变革是很少见的。比如，体操、围棋等竞技项目都喜欢用发明者的名字为新的套路命名，但是优秀的甚至是天才的选手比较多，世界冠军每年也会涌现出若干名，而这些套路的名字很多年难出一个。各行各业也多是如此，每个从业者只要认真钻研，都可能把自己的工作做得出色，甚至达到世界冠军的水平或独一无二的境界，但真的要做出一件能够谈得上是变革的大事，并用一个新的名字为这种变革命名，并不容易。这不仅需要能力、坚韧、智慧和努力，还需要天时、地利、人和。

但教育界新的教学理念的名字太多了！

多次聆听特级教师、有影响力的教师的课堂教学，其实他们中的绝大多数都没有提出什么响当当的口号，却把课堂上的每个细节都做得十分出色、到位，真是把学生的获得感当成教学的第一要务，让人觉得他们的功夫都下在了那些不可言说的关键处，使人领会到他们对学生的良苦用心。

我并不反对给自己的教学理念起一个好听的名字，但请在这个名字下填满实质性的东西，否则“名”就会与“实”脱离，早晚都会被人们所遗忘。

很多年前的一次全国观摩会上，某位知名教师讲了一节课，这堂课上得还是不错的，可圈可点的地方很多。大会的主题是“生态课堂”，这位教师的课就被用来验证“生态课堂”的理念了。第二年，我参加了另一个观摩会，主题是“智慧课堂”，令我惊讶的是，还是同样的教师讲了同样的课，与会的“专家”却有了完全不同的诠释。最近，我第三次聆听了这节课，基本没有变化的课堂却又有了新的诠释……一节同样的课，印证着不同的教育理念，这多少有些不正常。

无论身披多少华丽的外衣，无论是怎样的名字“变形记”，本质是没有发生变化的。一节好课，不在于贴了什么“标签”，而在于课堂的实质内容。“贴标签”的行为，归根到底，就是形式主义在作怪。

一些人会认为，课堂起了好听的名字，如同工厂加工食品，有了好品牌、好包装，同样的商品就能卖出好价格。课堂贴了“标签”，就显得与众不同。在教育教学中，真的如同超市里的物品，贴了标签，标注了名牌，才是新理念吗？

仔细想来，甚是可怕。这么多热衷“贴标签”的人，创造出名目繁多的理念，未必是一种发展。很多情况下，都是形式大于实质。

名师经过多年的实践和积淀，方能梳理出与众不同的教学理念，并赋予其响亮的名字。崭露头角的名师，既然跟着自成一家的名师学，那就不管成熟不成熟也想提出自己的教学理念，有专属的名字，在形式化的需求下，“标签”便被贴上了。前者是真正水到渠成，后者实属牵强附会。

这种现象，让我想到了摄影师拍写真。摄影师为了追求效果，要求被拍摄者摆拍，在这个过程中，被拍摄者摆出各种姿势，耍足了花架子，摄影师也把照片拍得美丽无比。那些华而不实的课堂也是这样，学习名家课堂的各个环节，模仿名家课堂的各种活动，已然失去了自己，失去了真实的味道，成了山寨版。

再多的名号，归根到底，还是课堂。再多的标签，都要走进课堂，回归真实。宣传和诠释成就不了一节好课。

有意识地“贴标签”，不排除哗众取宠之嫌疑，也推脱不了功利之痕迹。

庄子在《齐物论》中说：“大知闲闲，小知间间。大言炎炎，小言詹詹。”也就是告诉我们：有大智慧的人，总是关注、研究大的方面。有小智慧的人，抑或说没有智慧的人，总是关注甚至拘泥于小的、琐碎的事。课堂也如此，真正做研究，未必要给课堂贴上美丽的、叫得响的标签。教师要有一种大智慧，要研究课堂的核心问题，关注课堂的本质，而不是局限于某个“小圈圈”，满足某些利益需求。

课堂因关注朴素的内涵而美丽，教师要学会在大与小的智慧上做文章：课堂形式大道至简，教师大智若愚，内容大成若缺，从而达到课堂的大气磅礴。

课堂是给学生呈现的“家常菜”，每一道菜未必都精心加工，每一节课未必都需要用精美的课件、美妙的画面、深邃的文化来诠释。一节好课的标准有很多，但是“复杂”一定不是课堂的初衷。课堂形态真实，内容扎实，回归课堂的本真，没有“花拳绣腿”，才会使学生学到真本领。

不刻意给课堂“贴标签”，是希望教师告别形式主义，远离功利主义，回归课堂的本真，让好课成为常态，让课堂回归原点！

教育界的新名字已经太多了，希望我们把起新名字的精力更多地用在教学细节上，为学生的实际获得而努力。如果有朝一日，你在踏实的工作中做出了革命性的贡献，世界是不会埋没你的，你不起名，别人也会帮你起的。

修炼四

明术之师，修炼学术素养

学术是教师教育生活中的重要支柱，其分量不言而喻。学术素养是教师发挥影响力的关键，也是教师成长的核心。感受学科的魅力，体会课堂的精彩，体验成功的喜悦，更加执着地坚守在教育教学的百花园，是有梦想的明师能够不断提升自我的重要动力。

而明师的学术，是在不断修炼中提升的，这个过程是不断完善自我的过程，更是明师构建学术理论体系的过程。

学术修炼的重点，就是要提炼自己的教学主张。名师众多，为何有影响力的却寥寥无几？同质化发展应该算是一个原因，个性化不足成了制约名师发展的共性因素。对于名师来说，个性化教学本应是他们身上典型的特征。个性化是教育的灵魂，是优秀教师的名片。提炼个人的教学主张，在教育活动中逐渐形成鲜明的教学个性和独特的教学风格并稳定地表现出来，是名师成熟的重要标志，也是名师发挥辐射、引领作用的载体。

学术修炼的核心，是精益求精，打造属于自己的课堂。教师的主阵地是课堂，活动的主要舞台也是课堂，幸福感的源泉大多也来自课堂。学术修炼的核心自然是要提升自己的课堂教学艺术，不断地向教材、学生、同伴学习，丰富自己对课堂教学的理解，逐步完善自己的课堂教学体系，形成对课堂教学的独到见解。

学术修炼的难点，是养成学术批判的意识。学术批判是真研究与真思考之间的过招，而不是做形式化、功利化研究的表面文章。想批判，需要有深厚的功底，对问题看得透、看得准。在研究中，既要正确地看待对与错、是与否，在批判中聆听别人的见解，使研究之路越走越宽阔，又要知道批判什么，知道哪些内容应该批判。

明术之师，在学术修炼中全面提升了素养，渐渐地，与众不同成了行走常态。这样的与众不同，体现了两层含义：一方面，做到和别人不同，个性化特质更明显；另一方面，做到和自己不同，自我突破更显著。无论是哪一个层面，学术的提升都有助于教师在有个性、有特点、有特色的学术修炼中，突破平庸，突破瓶颈，突破极限，增加生命的厚度，开阔视野的广度。

提炼教学主张

综观全国有影响力的特级教师，每位都能提出自己的教学主张。提到李吉林，我们自然而然会想到她的“情境教育”；讲起王崧舟，不由自主地想起他的“诗意语文”；提起吴正宪，自然会想到她知情交融的“八大特色课堂”；提起贲友林，自然会对“构建‘以学为中心’的数学课堂”印象深刻……全国知名的特级教师，对教学问题认识深刻，形成了鲜明的教学特色和独特的教学思想，个性化的教学主张成为他们显著的标志。

作为名师，如果没有自己的思考，仅有复制和模仿，没有自己的教学灵魂，只是教书匠或知识搬运工，只在一些相对肤浅的层面进行一些浅层次的课堂研究，那么就很难有教学水平的提升和突破。没有教学主张，就不能在优秀教师的队伍中得到更多的成长。

教学主张，是每一个教师自己构建的理论体系，是自我实践的成果，更是指导自己前行的明灯。提炼自己的教学主张，应该是教师发展的方向，更是教师走向成熟的重要标志。

提炼教学主张，应该成为名师成长的关键。余文森教授在《教学主张：打开专业成长的“天眼”》中这样说：“名师工作室的成员是一个共同体，他们统一在领衔名师的教学主张这面旗帜下，共同创造一个教学流派。设想一下，如果没有教学主张的引领和统率，共同体就没有了共同的灵魂和旗帜，实际上也就不能称其为共同体了。推而论之，名师对社会的影响力也在于其教学主张……提炼教学主张不仅是名师个人专业发展的要求，而且也是名师的专业担当和社会责任。”

很多优秀的教师，在日常教学工作中积累了很多经验。有效的招数、好用的方法、得力的措施，都可能是智慧的源泉。贴近教学实际，将这些经验进行系统梳理，遴选出有价值的，再进行深入的思考，教师就能够在梳理中逐步构建自己的思想体系，在思想层面逐步构建模型，并在教学工作中丰富模型，充实内容。如果能够对这一模型进行高质量和深层次的加工，并把所写所悟与更多教师分享，与专家讨论，与同行切磋，那么在加工过程中提炼出教学主张便成为可能。

余文森教授曾说，要把经验加工、提炼、升华为理论，还要用先进科学的理论反思、批判、充实、引领自己的实践经验。提炼教学主张，一方面就是反思和总结自己的教学经验，我们要把个人经验升华成个人的教学理论；另一方面，我们要寻求各种理论的支撑，凝练教育思想，逐步完善自己的教学主张。

教学主张的落脚点是课堂，提炼教学主张的关键是在课堂中实践。教学主张能否在课堂清晰、深刻、清楚地呈现，取决于教学主张的合理性和科学性。教师要在课堂上大胆实践自己的教学主张，并对自己的教学主张进行大胆批判，接受同行、专家的质疑，在不断的批判和实践中总结、完善教学主张，让教学主张更有生命力。只有成熟的教学主张，才会让课堂更具蓬勃的生命力，让课堂真正具有示范、引领作用。

教学主张的提炼是一个既漫长又艰巨的过程：从羡慕名师的教学主张开始，在学习的过程中不断追寻、找准自己的路，在困惑中逐步明确前行的方向，直至走入教学主张提炼的快车道。提炼的过程是思想不断斗争的过程：现在的思想和过去的思想产生激烈碰撞，让教学进行着一场静悄悄的革命。

理论的提升是一次厚积薄发的过程。每个人都会遇到一道道坎，也会在一次次失败后产生迷茫，最困难的，就是提升自我、突破自我、超越自我。验证自己的想法是否正确，要历经多次研究和讨论，进行专题化的研究。在一次次的研究中，模糊的认识才能变得清晰起来，散乱的经验才能逐渐被梳理得有序，处于隐形状态的教学主张才能慢慢被挖掘出来，在不断的修订中教学主张才能逐渐丰满起来。

为了提炼教学主张，过有阅读主题的读书生活，我和我们的工作室成员开展共读活动，相继共读了《基本概念与运算法则——小学数学教学中的核心问题》《开放的小学数学教学》《小学数学概念教学：行与思》等专业著作。不仅如此，每周一下午“书香大讲堂”“数学建模”“概念教学”等成了我们主要的交流话题，思辨让工作室成员的思想得到碰撞、素养得到提升，在阅读中我们开始仰望教育的星空。

我们始终有一个坚定的信念——一定要有自己的教学主张。为此，我们进行内省性的课堂研究，研究课堂，反思课堂，总结课堂，梳理课堂，从感悟教学风格，到凝练教学风格，再到创新教学风格，在梳理和总结中不断演绎、构建，逐步形成个性化见解和主张。在提炼教学主张的过程中，大家对比不同版本的教材，开展基于主持人和成员之间、成员与成员之间以及不同版本之间的深度同课异构活动，用睿智的解读、巧妙的设计、周密的构思、经典的课例还原和凸显数学本色，关注学生的“真思、真学、真需、真趣”，践行了课堂的“真”。数学课“朴实、清新、灵动”是工作室成员卢晓燕老师提出的教学主张，王伟红老师则提出了打造“人课合一”的理想课堂……至此，每一名工作室成员都能够提炼出自己的教学主张，都有着自己对教育的独特见解。鲜明的教学特色标志着他们走向了成熟。

感悟、凝练、创新，在梳理教学主张的漫长过程中，我们在课堂中不断演绎、构建，对教学经验进行深刻思考，提炼反思，总结归纳，梳理调整，写作提升，用行动证明自己对教学的个性化见解。

教学主张是凝聚在教学艺术上的独特思考，倾注心血，历经磨砺，从最初的雏形，到实践后的完善，直至最后的成熟，需要长时间研究课堂、思索课堂、改革课堂，“厚”读、“厚”思、“厚”写，最终实现厚积薄发。

形成教学主张，绝非轻而易举就能做到，更不是朝夕就能完成。教学主张的提炼没有时间表，要经得起“沉默”，保持一颗平静的心，用行动去诠释对理想的追求，最终定能体会到“山重水复疑无路，柳暗花明又一村”的喜悦。

提炼教学主张，是在阳光雨露下吸纳养分、破土成长的过程；提炼教学主张，是梳理教育思路、产出教育思想的过程。这样一路历练自己，方能实现本质性的突破。

复制不来的名师课堂

在一次优质课比赛中，一位教师所讲的课获得了听课教师的好评，大家都在夸课堂设计巧妙，教学效果好，是一节好课。到了课后点评环节，一位教研员的话引起了大家的思考，他说："这节课似曾相识，几乎就是某名师的课的翻版。"一时间，气氛陷入了尴尬。原来大家齐声喝彩的课，套用的是名师的课，复制粘贴式的翻版优质课，似乎失去了研讨的价值。

对于刚参加工作的教师来说，如果复制名师的课，把课上得出彩也是值得称道的。关键问题是青年教师更多只是模仿而已，缺乏深入的思考。

曾经有一位年轻的小学数学教师，基本功特别扎实，学校推荐她参加区级优质课评比活动。在比赛中，她的教学设计巧妙，课件制作精美，课堂活动丰富，但课堂实际效果却很不理想，没有取得一个好名次。之后，她非常苦恼，想不通这么"精彩"的教学设计，为何没有取得预期效果。

她的教学设计层次分明，设计新颖，活动丰富，选择的教学素材富有新意，教学思考有深度，从这个层面看，这节课的确具备一节好课的潜质。她后来的一番话，让大家找到了她课堂失败的原因。她说："这个教学设计是全国著名特级教师××的，因为她的设计特别有新意，课堂很厚重，所以我就完全按照她的教学实录复制下来，搞不懂为何名师能上得出彩，我却失败。"

原来，某位教师精彩的教学设计，其实是某位名师课堂的翻版；某位教师出色的教学设计，是把几位名师的教学片段进行了组合。原本生动精彩的教学设计，因为复制和模仿，遭遇了课堂的“水土不服”。复制来的教学设计，复制了形式，却没有学到精髓，无法取得满意的效果也在情理之中。

青年教师喜欢模仿名师，这不难理解。在公开课、示范课盛行的时代，在很多场合都需要进行课堂展示。一个好的教学设计，需要付出心血和汗水，即使这样，效果也未必令人满意。青年教师往往对教材把握得不到位，对学生学情分析得不到位，对课堂生成处理得不到位……这些问题困惑着他们，令他们束手无策。在没有好办法之前，模仿是一种方法。选择自己欣赏的名师，借鉴他们的教学设计，学习他们的教育理念，模仿他们的教学方法，能使青年教师迅速成长。

然而，盲目模仿或复制别人的创作成果，不做甄别，犹如东施效颦，模仿了形，忽视了神，只能成为“课堂搬运工”。从短时间看，复制最省时间；从长远看，复制不是省事省力，而是费心费神。对于已经相对成熟的教师来说，如果在教学中仍然复制名师的课，就没有太大必要了。

借用别人的教学设计，学生可能会因学习不到位而苦恼。学生情况各不相同，不针对学生做具体分析，不针对教材做自我解读，没有自己的思考，课堂始终有别人的影子，这样的模仿是浅层次的，很难上出一节有水平、有深度的好课，这样的课堂没有生命力。

李镇西老师说：“如果他们真的以为李镇西是那么的好学，以为只要努力就可以成为所谓‘第二个李镇西’，那我不得不同样真诚地告诉这些老师，李镇西你是学不会的。”齐白石曾说：“学我者生，似我者死。”无论是学课还是学画，本质都是一样的。李镇西模仿不来，于永正、吴正宪、闫学同样模仿不来，他们身上鲜明的个性特征，无法在每一位普通教师身上扎根，更难开花和结果。模仿是没有出路的，注定是一个“死胡同”。

每一位名师都有着不同的教学风格，对课都有着不同的理解，教学经验也各不相同。教学设计的背后，是名师对教学内容的深度思考，带有个性化特点。而且有些名师展示的课，本身就是研究课，从某种层面来说，这样的课未必是为了推广，课本身就是值得商榷的。他们呈现的只是对课不同维度的思考，是对教学的一种探索。仅看外在的展示，不看实质和内涵，刻意模仿，课堂就会变得无法驾驭，也就不能取得理想效果。

苏霍姆林斯基讲过这样一个故事。一位有 30 年教龄的历史教师上了一节公开课，听课教师完全被吸引住了，竟连做记录也忘记了。课后，邻校的一位教师问这位历史教师：“您花了多长时间来备这节课?”这位历史教师说：“对这节课，我准备了一辈子……对这节课的直接准备，我只用了大约 15 分钟。”教学智慧和教学思考是经历长时间的积淀形成的，并非一时就能达到的。每一位青年教师不需要模仿名师，但需要以名师为偶像，学习名师的钻研精神及对教学问题的独特思考，随着时间的推移和教学经验的增多，课自然会上得得心应手。

一首美妙的歌曲，不同的人演绎出不同的风格，造就了不同的精彩。如果仅仅模仿他人，不仅超越不了原作品，也失去了自己的味道。这样的声音，终会被淹没，很难拥有自己的一席之地。

对名师的课堂，要用思辨的眼光去审视。有一段时间，我连续参加了一些全国性的课堂教学观摩活动，每一次活动无不是名师荟萃，专家云集。离专家和名师越近，了解得越多，我越觉得应该带着批判的心态去学习名师的课堂教学，即在读懂他们的课堂的同时，还要有进一步的审视和思考。

名师的大部分课固然精彩，但不是名师的所有课都能够上得与众不同，更不可能对所有的课堂都做到创新。在听课的时候，经常遇到有的名师进行相对随意的教学，表面上深度拓展，结果只点到为止，学生懵懵懂懂地接受的情况。

例子有正例和反例之说。名师课堂中出现不成功的案例也很正常，即反例。反例更能让我们反思，不只是“拿来主义”，不唯名师是从，不机械模仿。当然，这不是要否定名师的课堂，而是用批判的眼光来看待名师的课堂，以批判性思维质疑名师的课堂。无论怎样的课堂，教学设计一定要符合学生的学习实际、年龄实际，不能超出学生的接受能力，更不能为了凸显名师的课堂而刻意求新、求变，不能无限度地拓展延伸。

从青涩走向成熟，需要借鉴别人的经验，站在“巨人”的肩膀上，让课堂具有鲜明的特征。可以学习名师课堂研究的恒心和毅力，借鉴他们高超的课堂教学艺术、圆融的沟通艺术，从而站在制高点上思考课堂。

教师要想走得更远、发挥影响力，就得使课堂有自己的味道。也许教师对课堂的解读还不够深入，对教材的把握还有欠缺，但是这都不是最重要的，最重要的是要不畏艰难、敢于挑战，这是成长的必需。只有经过课堂的磨砺，发现更多的问题，找寻更多的不足，才能找到解决问题的最好办法，才能取得良好的教学效果。

不主张复制名师的课堂，是希望每一位有志于成长的教师学会在批判中质疑，在思索中前行，在磨砺中培养自己，总结优点，提炼主张，形成个性化的教学风格。在理性学习中多一些质疑，多一些思考，多一些批判，多一些成熟，才能让自己离理想课堂越来越近。

厚重后的简约课堂

观摩课堂时，总会看到一种现象：无论是精心打磨的公开课也好，还是“家常课”也罢，很多教师都热衷于深度解读教材，把教材“读厚”，在此基础上，把教学设计得无比厚重，设置更多的环节，力图在课堂上呈现更多的精彩内容，以体现自己对教材更深入的思考。

把课上得有深度，是很多教师朴素的愿望。厚重的本意，是为了体现对教材的精准把握，呈现与众不同的思考。类似现象不仅出现在普通教师的课堂上，在很多名师的公开课中也屡见不鲜。

名师的课堂有深度，有自己的风格和与众不同的创意，这让一线教师迷恋上了他们的课堂。一线教师羡慕名师，期盼自己的课堂也像名师课堂一样精彩。比如：很多语文教师都喜欢闫学老师的课，期盼能上出她那样行云流水、举重若轻、精彩无限的课；一些数学教师期待自己像黄爱华老师一样，构建大气磅礴、睿智深邃、充满“大问题”的课堂。

名师对教材的深度解读、对学情的精准把握，以及对课堂的轻松驾驭，的确是一线教师所难以具备的。其课堂厚重，有深度，有高度，这是值得一线教师学习的地方。

为了让课堂显得厚重，厚研教材成了研究的常态。研究不同版本的教材，研究专家对课堂的分析，研究名师的教学设计，收集众多教师的观点，融合大家的智慧，汇集多种巧妙的设计，这是很多教师原始积累的方法。这样做是没有问题的。但如果只是把这些内容进行简单叠加，将种种元素揉进一节课中，课堂内容的确变“厚”了，但问题也随之产生了。有几次我听青年教师的公开课，发现其课堂容量之大让人叹为观止。大家想到的地方，这节课体现了；大家没想到的地方，这节课也体现了。课堂有厚度，在掌声和赞誉声中，这样的课常被冠以环节多、思考深、研究透之美名。每当听到这样的课，我都暗自心痛，很想追问：课堂到底是教师的秀场，还是学生的舞台？课堂到底是展示技巧的地方，还是学生思维活跃的乐园？

这样的课堂或许能呈现教师的博学，但绝不能使人感受到教师的睿智。这样的“精彩”课堂，用40分钟往往无法完全诠释。仔细想来，这样的课不是给普通学生上的，而是专门为优秀学生精心打造的。

过于厚重，就会在关键问题上简化，教学内容有可能点到为止，学生的学习仅限于走马观花。在这样的课堂上，本应该成为核心的，都成了装饰，没有多余时间让学生探究和学习。如若不然，时间就不够用，就不能让设计的环节完美展现，厚重也无法得到呈现。

形式上的厚重让人感到眼花缭乱，知识过度开发的厚重更让人难以接受。一位特级教师在公开课上把初中的相关内容用在了小学五年级的课堂上，导致课堂上气氛沉闷，能够理解课堂内容的学生寥寥无几。教师还将学生的沉默美其名曰为“静静地思考”，在我看来，那不过是对知识不理解的反应而已。

这样的课堂，是“读厚”了的课堂，却不是思想、方法的厚重。厚，需要有度，无限度的拓展延伸让课堂变得纷繁复杂，教学设计不符合学生的学习实际、年龄特征，超出学生的接受能力，一味凸显求新、求变，只会让课堂失去原有的价值。实际上，在“读厚”教材的同时，也要做到“读薄”。厚重固然重要，但是简约同样重要。

简约的课堂，不仅表现在形式上的简洁明了，更体现在教学内容、教学方法与思维训练上的深入浅出、通俗易懂，即教师要做到教学内容简要、精辟，课堂环节简单、高效，教学方法简明、灵活，教学评价简洁、真诚。

当然，不应追求过度的厚重，更不提倡过分简约。教师要把握好厚重和简约的度，在厚重的基础上加以简化，形成简约的特质。

教师要达到厚重后的简约，不能仅仅停留在思想的层面，而需要在实践研究中加长我们的“短板”，填平我们的“谷底”，解析简约背后的奥秘。教师应该在学生成长的基础上，对课堂进行厚重与简约的辩证思考，然后进行反思性实践，进而不断修正自己的课堂。

厚重后的简约课堂，是大道至简的课堂。对于任何一节课来说，并非一定需要美妙的画面、精美的课件、深邃的文化来诠释。课堂形态真实，课堂内容扎实，没有任何“花架子”，回归课堂的本真，回归教育的原点，这样的课堂简约而不简单。某些教育大家仅仅用一支粉笔，就能把课上得有滋有味。简约的课堂，未必没有深刻的内涵。

厚重后的简约课堂，是大智若愚的课堂。教师的作用体现在无疑处指疑，无路处指路。教师要做有智慧、有想法、有创意、善思考的人。教师要学会“不说”，要让学生学会“说”，“懒老师”才能成就“勤学生”。我想，这也是教学无痕的最高境界。教师具有了大智慧，才能构建教学的大格局，才能成就学生的大视野。

对于课堂厚重和简约的辨析，能使教师对课堂有清晰的认识，有助于教师的进步和成长。教师只有通过分析课堂、诊断课堂，在不断研究教材、研究学生、研究自身的过程中，更新教学理念，构建教学体系，才能更好地实现课堂教学的华丽转变。

让失败的课堂闪耀光芒

朋友喜欢烹饪，每到月底，总会邀请我们去他家分享他的“劳动成果”。每一次的菜肴都不尽相同，因为他每个月都要学几道新菜，以挑战自己，满足我们的胃。

有一次，他做的新菜没有一个可口的，大餐不仅没有成功，口感甚至不如普通的家常菜，朋友非常灰心。他备受打击，感觉自己的厨艺水准严重下降，无论我们怎么鼓励，他的心情都很低落。几个月后，他再次约我们去他家品尝菜肴。同样的菜，这次吃起来有滋有味，味道极佳。我们都追问他原因，他笑着说：“在反思中寻找解决问题的办法，从失败中寻找成功。”正因那次失败，他的厨艺才有了明显提升。

在烹饪的过程中，受多种因素的影响，原来预想的大餐可能味道平平，无论是烹饪者还是品尝者，都可能产生极大的心理落差。这种心理落差可能是动力，也可能是压力，更有可能成为前行的阻力。

课堂也是如此。教师本想呈现色、香、味俱佳的“大餐”，让学生享受“美味佳肴”，却呈现了几节糟糕的课堂，遭遇了教学的失败。有过几次失败的经历之后，有些教师甚至不太相信自己能驾驭精彩的课堂了。

一位教师讲了好几次公开课，每一次都没有受到好评，他的心理落差越来越大，逐渐对上课失去了信心。后来，他在同事的鼓励下，鼓足了勇气，代表学校参加优质课比赛，经历了多轮磨课，自我感觉备课充分、设计精彩的课，仍然没有得到大家的好评，最终在比赛中获得倒数第二名的成绩。

有过这样的经历后，他极其苦恼，也很迷茫，公开课成了他的心病，甚至令他患上了“公开课恐惧症”。他每次讲公开课都会紧张得浑身发抖，“讲不好课”“不会讲课”成了他给自己贴的“标签”。

在漫长的教学生涯中，课堂始终是教师战斗的阵地，不能在课堂上有所作为，让课堂成为自己的最爱，可能会使教师受挫，影响教师的幸福感。

不管是谁，走进课堂，就有可能成功，也可能失败。无论取得成功还是遭遇失败，最关键的是要有平和的心态。若课讲得很精彩，在表扬的话语面前，能够冷静地看待自己的不足；若课讲得很糟糕，在批评的话语面前，能够欣喜地看到自己的进步。无论是精彩还是糟糕的课堂，都会成为教师前行道路上的足迹，教师需要做的就是将其串联起来，使之成为成长的资本。

记得我初次参加赛课的时候，虽然经过精心准备，但略显青涩的我，课堂驾驭能力不强，在课堂上还是常常顾此失彼。每一个环节，都如同走流程一样，蜻蜓点水，点到为止。课后，大家评课时，语言都很犀利，直指问题要害。我很感谢他们的批评。评课，就是大家站在不同的角度指出一节课的问题。当然，当大家一致认为这节课讲得不成功时，我的心情还是很糟糕的。但事实既然如此，就要学会接受失败。

失败是反思的最好机会。为何课堂会出现问题？怎样避免再次出现类似的问题？我们应找到失败的根源，找到问题的症结所在，从而寻觅到成功的良方。

最初我的课堂不成功，有这些原因：在课堂上，我的心中只有课，却没有人；仅仅想着教学流程，“目中无人”；没有把学生放在核心的位置，而是以自己为中心；不是以学生的学为中心，关注点仍然是教师的讲；“秀”的是教师，而非学生。这是我反思的结果，也是我走向成功的第一步。

我也见到过全国特级教师课堂失败的例子。失败原因各不相同，有的是学生不配合，有的是课堂经常陷入窘境，有的是课堂严重超时也未完成教学任务……这些例子告诉我们，无论多么知名的教师，都有可能遭遇失败，但他们具有化失败为成功的能力。

当然，我们还可以从另外一个角度来解读失败。贲友林老师曾经在一个研修班上了“乘法分配律”新授课和练习课。因为在假期，上午学过这节课的 20 名学生中有几位下午没有来，又新来了 7 名学生。上课伊始，贲老师设计了一道基础性的练习题，巡回指导的过程中，他有意关注 7 名没学过的学生的学习情况。一名坐在第三排的小男孩引起了贲老师的注意。小男孩坐在座位上，一个字都没写，贲老师便让坐在小男孩身边的同学教小男孩。鉴于部分学生的学习经验和认知情况，贲老师进一步调整了预设的流程，放慢了课堂教学的节奏，安排学过的学生当“小老师”，给没有学过的学生讲解相关知识，在“兵教兵”的学习方式中化解了部分学生未曾学过的难题。

在用了足够多的时间解决完这道基础练习题后，贲老师让全班同学再次订正这道题，自己则全班巡视。当走到小男孩跟前时，贲老师发现小男孩仍然一个字都没有写，便亲切地询问小男孩怎么不写，小男孩说：“我上午没有来。”贲老师对小男孩说：“刚才的几位同学上午也没来，他们都学会了，你也一定能学会。你有不会的问题赶紧问同桌，让同桌再教一教。”当其他同学订正完之后，贲老师再次走到小男孩跟前，发现四道小题他刚刚开始写第一小题，不是他写得慢，而是刚开始写。贲老师发现了小男孩的学习态度有问题，便温和地对小男孩说：“接着写，这个任务需要大家都完成，你也需要完成，我们等着你。”当其他同学都在认真学习的时候，这个小男孩仍然游离于学习之外，并且小动作不断。贲老师再次走到他跟前，提醒他认真听讲，他的回答却让现场的人都感到很意外，他说：“我瞌睡。”贲老师看着为自己找借口的小男孩，严肃地说：“瞌睡了可以趴下睡，但是你不是瞌睡，而是在不断地做小动作，在玩。你赶紧拿起笔，把题写下来，今天写不完不可以回家。”这番话貌似镇住了小男孩，小男孩拿起了笔开始写题，眼睛里闪烁着泪花。习惯既然已经养成，改变也是一件困难的事情，我观察到，小男孩没过几分钟又开始玩了起来。贲老师再次注意到了他，又严肃地提醒：“今天一定要学会，学会了才可以回家。”小男孩拿起了笔，在练习本上装模作样地写了起来。贲老师注意到他并没有真正写，只是在比画而已，便再次提醒，完不成任务不可以回家。

小男孩此时此刻感到老师是在和自己“死磕”，明白了老师不是说说而已，态度发生了大转变：眼神不再迷离，还主动问同桌问题，眼睛始终看着老师，做后面的习题也开始认真起来。

下课后，贲老师留住了小男孩，用了将近20分钟的时间，从头到尾认真地辅导他，直到他学会课上讲授的内容为止。

为什么要跟学生“死磕”？贲老师解释了自己的想法：“既然在课堂上说过了规矩，我们就要遵守。无论这名学生的学习基础怎样，我们要始终让他感觉到老师的关注，如果他感觉不到，就会掉队。无论是公开课还是常态课，都一样。”

和传统的公开课、优质课比，这样的课可能是失败的。这样的情况发生在一节公开课上，让我们颇感惊讶。这节课完全不同于平时见到的打磨过许多遍的精彩的公开课，也不同于很多深度解读的公开课，这是一节“接地气”、真实、开放的常态课。这样的“失败”中，渗透了成功的内涵，闪耀着认真的光芒。

教师要经得起学术批判

在一次学术研讨会上，一位教师针对研讨的问题提出了不同的看法。他的观点备受质疑，大家针对这一观点畅所欲言，与会的十几位教师几乎都发表了意见，进行了深入的探讨。虽然这位教师的观点最后没有得到认可，但他深入研究的意识、求真务实的研究态度让与会教师受益匪浅。

和批判形成鲜明对比的，是以赞美为核心的研讨活动。很多学术研讨都是肯定多，否定少，赞美之声不绝于耳，否定的话语轻描淡写。与会教师习惯了聆听肯定，批判性思维逐渐缺失，也逐步失去了批判的能力，逐渐成了接受者，而不是思考者。

有一次，我去一所新教育实验学校参观学习，学校安排我们听晨诵课。作为数学教师，这是我第一次听晨诵课，对此充满了好奇。执教教师把诵读设计得精心巧妙，构思新颖，方式多样，让人感觉无比精彩。

在随后的研讨环节，该校的几位教师针对这节课进行了深入的批判。大家争执得不可开交，研讨气氛十分紧张，我们几个来参观学习的外校教师都被震惊了，然而听他们讨论得那么热烈，我们也不由自主地参与进去。每个人都据理力争，围绕不同观点展开了精彩的辩论，研讨活动精彩极了。连我这个数学教师，都陷入了对晨诵课的思考之中。没想到大家会为了一节晨诵课如此“较真”。大家针锋相对的辩论，针针见血，批判之余让人感受到了学无止境。

又有一次，我到一所名校参观，学校安排我们听两节数学游戏课。据介绍，这两节课是学校几年来数学游戏的研究成果，是对传统数学课的创新和再造。

两节课上得都很好，各具特点，呈现了这所学校对数学游戏课的思考。与传统常态课相比，这两节展示课的确新颖，也呈现出很多亮点。在随后的评课环节，大家各抒己见：学校教研组、学校领导异口同声地说“怎么好”；听课教师也迎合着，分析“如何好”。这次研讨基本围绕一个中心，那就是夸课“好”。

但既然是创新，肯定有不同的声音。外校的听课教师针对课堂提出了几点疑问和不同看法，并认真分析了问题所在，气氛瞬间凝固起来。本来是为了展示各种“好”，结果“不合时宜”地提出了“不好”，现场气氛变得尴尬起来。

相似的活动，研讨氛围却形成了鲜明的对比。一个是力图把问题全部呈现，批判成为主旋律；一个是极力维护优点，赞美成为核心话题。对于听课教师来说，嘴上说与不说，心里都有自己的评判标准。人人说好，未必就是真的好；大家批判，未必就是真的差。敢于面对问题、接受批判的背后，体现的是学术研究的高境界。

对于普通的一线教师来说，在繁忙的教学工作之余，还要在教研中投入大量的精力，做出一点成绩，实属不易。为了肯定教师的成绩，大家互相赞美、互相打气，用表扬的方式保护教师的上进心和自尊心，是可以理解的。但肯定成绩的同时，不能忽视不足，执教教师要经得起质疑和批评，有一种悦纳的胸怀；听课教师要敢于质疑和批评，有一种诚恳的态度。质疑批评未必是坏事，正确的批评可以给执教教师以提醒，避免执教教师走弯路。即使批评的言论不正确，至少也为执教教师提供了另一种思考角度，提供了验证自己观点的机会。

在学术方面，研究者可能会面对各种质疑，如研究目标的定位准确与否，研究的过程正确与否，研究的结果有用与否，这些都可能存在争议。经得起学术批判，用“第三只眼”看待过程和结果，才会在开放的心态中审视研究成果，更好地解决问题，弥补不足，也会让自己站得更高、看得更远。这样才能避免在弯路上越走越远，偏离初衷，走向失败。

日本创价学会名誉会长池田大作曾经说过：学习历久弥新的传统是打造个人生活方式的根子；以进取的秉性学习新文化是活在当下，打造未来；学习不同的文化就是活在开放的世界。学术研究也是如此，好的研究体系是不断改变传统认知、学习不同的文化体系的过程，这样的研究才更具成长性。

学术批判中“红红脸”是常有的事情，批判的价值决定了研究的含金量。争执的过程，是再次理清思路的过程。面对学术问题的争鸣，需放下面子正确面对。可怕的是，很多场合中，很多人却放不下面子，难以面对批判。

在赛场上，教练员未必比得过运动员，在学术研究方面，也是同样的道理。研究者未必比其他人看得更清楚、想得更明白。教师要敢于向名师、前辈、同事提出不同的意见，说明自己的想法和观点，与其共同探讨，形成各抒己见的良好氛围。

批判时要有平和的心态，不能进行人身攻击，不能把批判看作是对人的否定。为批判而批判，是非常不可取的。如果这样，批判就会失去原本的面目，学术探讨就会变味。学术研究中，不仅要对别人的研究成果进行批判，更要敢于对自己进行批判。

特级教师程红兵曾说，名师实际上就是一群自由的人，所谓的

“自由的人”，就是指思想独立、有批判性思维的人。不具有批判性思维的名师，其实远比具有批判性思维的名师多，人云亦云、传声筒式的名师也不少。甚至有些名师，到处讲课、做报告，但是所讲的内容，大部分都不是自己的，而是专家观点的汇集。出现这样的问题，认清自己、进行自我批判就是最好的解决方式。

在研究中，存在着“伪研究”，也存在着“伪批判”。学术批判应该是真研究与真思考之间的“过招”，而不是做形式化、功利化的表面文章。正确看待对与错、是与否，在批判中聆听别人的见解，将会使研究之路越走越真实，越走越宽广。

莫用形式去“绑架”研究

在教育教学中，研究很重要，这是学校领导和教师的共同认知。研究是教师成长的核心，是提升教师科研能力的重要途径。不去研究的名师不多，不去研究的团队更少。

研究的方式很多，最常见的莫过于小型教研活动。大家三五成群地坐在一起，围绕一个小专题，各自发表见解。在发言中，用心的教师可能做了精心的准备，发言的内容能给大家很多启发；不用心的教师直接从网络上下载或从杂志上摘抄一些资料，发言完毕，就等于是完成了任务。

前一段时间，我参加一个区域教学研究活动，发现了一个奇怪的现象。同样的几节课，在课题研究成果展示会上作为成果展示过，作为学校“××教育”的研究成果展示过。没过多久，学校举行另外一项学术研讨活动，展示的仍然是这几节课。这几节课是“万灵油”，哪里需要，就用在哪里。

这些课在不同的场合被贴上了不同的“标签”，课堂展示被形式“绑架”，研究世俗化，成了追名逐利的工具。至于课堂属于怎样的研究成果，完全取决于活动的需要，没有人会因为一次活动去较真，对于这样的安排也无异议。

用心观察就会发现，身边用形式“绑架”研究的现象并不少见。比如，很多教师开展了课题研究，但其实并不知道怎么研究。申请开展研究，是基于评定职称的需求，并不是出于真正的研究需要，因此会不会研究、需要不需要研究，都成了次要的。

为了达到立项目的，有些教师就从课题研究方向里随便选取一个，在网络中进行搜索，大量下载有关研究成果，汇集资料之后再进行各种加工和改编，让课题没有明显的抄袭痕迹，以确保课题顺利立项。

在课题立项后，教师更是想尽办法以便在短期内获取“累累硕果”。按照要求，准备几节课，邀请几位专家，进行课题推进研讨，专家自然给予很高的评价，至于课题是否有意义，并不重要。

课题结项之时，也就自然能够通过各种途径汇集几大本结项资料，完成过程性资料的整理，实现结项的终极目标。

每个区域每年少则上百个课题，多则上千个课题，众多研究成果却并没有取得显著成效。这样的课题研究成果，不是真正的成果，而是被形式逼出来的“怪胎”。结项后，课题被束之高阁，这样的做法也就不难理解了。这样的成果没有推广的价值，不具备再研究的需要，更谈不上影响力。一段时间后，这样的成果自然会销声匿迹。

这种课题，成了研究的“花瓶”；这样的成果，成了教师业绩库中的重要内容，成了教师装点门面的摆设；这样的研究，对教师专业成长无益，并没有真正满足教师成长的需求。

虚假研究，是为了迎合各种需要。不是每个教师都适合做课题研究，不是所有课题都有研究的意义。用形式“绑架”研究，是功利心在作怪，凸显了研究心态的浮躁。

在日常的教育教学研究中，更能经常见到形式化的痕迹。一个朋友给我讲了他们学校组织读书交流会的故事。他们学校曾要求教师写读书体会，为了省事，在交流的前几天，部分教师从网络上“精心”下载读书心得，一点心思也不费，就把一篇篇读书交流的文章打印了出来。在读书交流会上，大家照本宣科，读与不读没有人知道，读书体会是谁写的并不重要，反正也没人深究，重要的是完成了任务。读书交流会变成了网络资料下载交流会，教师如同复印机，复印了别人的文字和思想。至于读书的真正目的，早被抛到了九霄云外。

读书和写作，是教师成长的有效路径，是理清教育思路、产生教育思想的主要方式。很多学校为了提升教师的读写能力，办校报、校刊，要求教师经常投稿。很多教师把投稿当作负担，东拼西凑，随意应付，写出的文章只有数量，毫无质量。

静不下心，沉不住气，耐不住寂寞，再好的研究、再有价值的活动，都只能是蜻蜓点水，无法落到实处。

用形式“绑架”研究的现象，不仅出现在一线教师中，在很多名师中也同样存在。对于名师来说，出版专著是其教学水平、教育思想等达到新高度的体现。然而，出版专著需要倾注很多的心血和汗水。一些精明的商家知道市场需求，对有名利需求的教师来说，商家可提供市场。这样一些完全违背研究初衷和目的的抄袭作假现象也就出现了。

教师要参与一些评选活动，如果有论文发表的要求，那就更简单了。商家全权负责，只要谈好价钱，文章可以在教师写好后发表，甚至可以找人替教师写。教师便什么力气都不费，什么功夫都不花，只需静等坐收杂志以参加评选。

种种不正常的现象是对研究的亵渎，助长了学术造假的不正之风。虚而不实、“花架子”式的研究，在使教师学会造假的同时，也麻痹了教师的思想，带坏了研究的风气，掩盖了真实的问题，让许多并不优秀的教师获得了利益，让一些优秀、认真、正直的教师失去了信心和热情。

用形式“绑架”研究的现象有很多，成了研究路上的绊脚石，成了教师的精神毒药。

能否投入研究，是一名教师能否走向远方的试金石。投入研究的精力和时间，决定了一名教师未来所处的高度。仅仅停留在“装点门面”的基础上的研究不是真正的研究，这样下去，教学水平的提升只是一句空话，教育思想的产生只是美好的幻想。没有人能随随便便成功，不劳而获就想获得好收成，只能是自欺欺人。

教育的眼光肤浅，对研究没有正确的态度，就会导致行动的失败。急功近利，心情浮躁，是没有真正走向专业发展之路的体现。避免形式化，就要在学术研究中开放心态，开放眼界，开放行动，学会解除“绑架”研究的枷锁，在求真务实中静心研究问题、深入思考问题。

教师要有破解形式化枷锁的“密匙”，对研究中出现的各种问题要努力找到解决的方法。这就要求教师找到研究的方向，让研究成为行走的姿态，将研究内化为恒久的行动。对于研究，需要用“小马过河”式的方法，“水既不像小松鼠说的那么深，也不像老牛伯伯说的那么浅”，这是小马在亲身实践之后所得出的结论。这样的结论对于研究同样适用，只有自己走过去，独立思考，敢于探索，才能收获最有用的成果。

心中播撒了真研究的种子，就等于种下了希望。我们要远离形式化的研究，在脚踏实地中前行，在内涵发展中获得成长，减少形式化负担，轻装简从，释放自我，解放心灵。在“真”字上下足功夫，做够文章，定能沉浸在研究的快乐中，享受研究的充实过程。

“着眼于‘最好’，着手于‘可行’”，不仅教育是如此，专业成长是如此，研究更是如此。

让与众不同成为行走常态

教师的成长过程基本相似，所处环境基本相同，但有的教师依然普通，有的教师则成了名师。下面我们不妨研究一下名师，破解他们成长的密码。我在他们身上看到鲜明的个性特征、独特的教学风格、个性化的教学方式，处处与众不同。

闫学老师，著名教育学者，善读乐写，是一位高产的教育畅销书作家。她的书，我每本必读，其知识的积累、构思的巧妙、语言的优美，都让人沉浸其中。她曾有仅仅用两个月的时间完成一部畅销书的写作经历，由此可见她写作功力之深厚。闫学老师的读和写，具有深度和高度。她与众不同的学识和才情，让每个认识她的人都被她折服。

贲友林老师，放弃副校长的职务，淡泊名利，执着地做一名小学数学教师，专注于“以学为中心”的课堂研究。他与众不同的选择，让他更有精力和时间来进行学术研究。他敢于挑战各种课堂，敢于暴露各种课堂问题，不怕失败。他的境界让人赞叹，他的认真感染了每一位和他打交道的教师。

每个人的成长都有独特性，要按照自己的路走。如果和别人走一样的路径，做出一样的选择，就不会意识到与众不同的重要性，所谓的“更好发展”“更大价值”，落到实处就会变得困难重重。从某种意义上来讲，与众不同是个性化名师的发展之道。

名师与众不同的行走方式，呈现了别样的发展道路，助推他们走向学术的巅峰，这也是他们的学术修养、学术境界有别于普通教师的主要原因。

要与众不同，应该从基本做起，首先成为“众”里面的佼佼者，做到出类拔萃。否则，所谓的与众不同很有可能只是昙花一现。

一位教师是大家公认的优秀教师。“翻转课堂”风靡全国的时候，他也开展了相关的实验和研究。为了更好地呈现“翻转课堂”，他达到了“走火入魔”的状态。每节课，都一定精心安排；无论内容是什么，都一定按照“翻转课堂”的模式来进行。一年后，他的课堂越来越不受学生喜欢，他自己也感觉很累，远远没有收到最初预想的效果。

在大家眼中，他所采用的“一刀切”的教学方式脱离了学生的实际，不能助推改革走向成功，与众不同得很生硬，学生不喜欢，家长不支持。没有经过仔细甄别的与众不同，很有可能导致失败。

一位教师被分配到了普通的农村小学任教，过着普通人的日子，享受着普通人的生活。一次偶然的机会，她参加了新教育实验，在网络上加入了新教育实验的团队，并深深地迷恋上了新教育。之后的日子，她在任课的班级开展了晨诵、午读、暮醒等活动。她开发了“走过四季”班级课程，每天笔耕不辍，领着学生共读共写，坚持和学生一起写班史。

读书和写作改变了她，她开始真正地审视自己、审视生活。她参加了各种读书会，以提升自己的专业写作能力。她的读写，成为她成长中最耀眼的一抹亮色。后来，她获得无数荣誉，成长力教师、影响力教师、全国优秀语文教师等，这些头衔纷至沓来。她用读写为自己争得了一次次发展的机会。

她说，自己选择这样的成长道路，也受到了很多非议，但是她坚持自己的目标，并执着地走了下去。与众不同，需要有勇气，充满信心，敢于面对各种质疑。每时每刻，都要有这样一种心态：“走自己的路，让别人去说吧！”正是她与众不同的选择，成就了她非凡的教育人生，让她的成长变得更有质量，让她的人生诗意盎然！

要与众不同，就不能循规蹈矩。若没有勇气，难以接受别人异样的眼光，就会逐渐变得缩手缩脚，所谓创新就成了一句空话。

很多优秀教师的课深受学生喜欢，是因为他们的课堂呈现方式与别人不同，其课堂思考之深、联系之广都是别人不具备的。与众不同的精彩演绎，让学生痴迷，让同行佩服。

优秀教师要敢于追求与众不同，在寻找“不同”的过程中，体现自己的作用和价值。

张齐华老师执教的《圆的认识》一课在全国优质课大赛中获得一等奖。在随后的时间里，他不断突破自己，多次修改教学设计，呈现了多个不同的版本。每一个版本的教学设计都异常精彩，都可谓经典。正是因为不满足，才有了一次次的“变身”、一次次的“不同”。从其与众不同的课例中，看得出张齐华老师对课堂至高境界的追求。

与众不同，是追求差异化发展的过程。每一个人都会与别人有差异，恰恰是差异体现了个人的独特价值。而这种差异化发展的背后，往往是一些外人所不知道的辛苦。每次的尝试可能是枯燥的，也可能是重复性的，更可能是在一次次失败中度过的。

当然，我们也不能当只想炫耀车技的赛车手，只考虑如何展示自己娴熟的技术，却不知道目的地在哪里，不能过度地追求与众不同而走偏道路，失去初心。执着地把一件事情做下去，简单地做一件事情，不求结果，只为让过程更有意义，需要花费大量的心血和汗水。

与众不同，体现了两层含义：一方面，做到和别人不同。真正的名师总有过人之处，能让自己的课堂呈现独特的精彩，体现不一样的魅力。另一方面，和从前的自己不同。不仅追求与别人不同，更重要的是能够与从前的自己不同。与别人不同可能容易一些，而挑战自己是比较困难的事情，只有在一次次的自我挑战中，在和自己较真的过程中，才能突破自我、成就自我。

与众不同的教师，会在有个性、有特点、有特色的教学中突破平庸，增加生命的厚度，开阔视野的广度。这样的价值追求，是自然的积淀和梦想的融合，是实力的综合表达，也是学术发展的完美体现。这样的教师既会不断扩大生命的半径，拥有圆内的世界，更会无限扩大圆的外延，看到圆外精彩的风景。

个性化——名师的发展特质

作家汤姆·罗宾斯说：“无论从事何种活动，献身于何种艺术或学习何种技能，你都要尽可能精益求精，将这份事业推向尽可能的高峰，一旦冲破现实的樊篱，你就会进入魔幻神奇的世界。”身为教师，我们在教学艺术中也需要精益求精，在一次次攀爬中，进入教学的“魔幻神奇的世界”。

近几年，名师如雨后春笋般涌现出来，但是有较大影响力的名师仍然相对较少，有辐射力的名师更是屈指可数。

名师众多，为何有影响力的却寥寥无几？同质化发展应该算是一个原因，大部分教师的学术水平相当，发展方向相似，没有突出的地方。相似度太高，个性化不足，成了制约名师发展的共性因素。

对在全国范围内有影响力的名师进行研究，从他们身上似乎能得到答案。提起他们，我们总能不假思索地说出他们独特的教育理念和教学主张，他们身上都有显著的个性化标签。也就是说，名师需要在成长过程中形成个性化的教学思想。

从中国古代教育家孔子提出的“因材施教”开始，到现代的各种有深度、有价值的教育理念，无不体现出追求个性、重视个性化培养的思路。个性化的发展是名师成长之道，是在当前多种教育观念冲突、互补和融合的复杂格局中，对教师素养提升的摸索和尝试。只有明确个性化的发展方向，明晰个性化的成长措施，才能更好地抵达精神高地。

于漪教师说过："到底教师要不要教学个性？……如果我们全国各地都能出一批个性鲜明的优秀教师，一定可以顶起我们语文教学的一片天，而不是都'差不多'。这个'差不多'，绝对不是胡适先生讲的'差不多先生'，而是我们的课基本上面貌是差不多的。"

俄国教育家乌申斯基说："在教育中，一切都应当以教育者的个性为基础……只有个性才能影响个性的发展和定型，只有性格才能养成性格。"

个性化发展，是对教育信仰的诠释。有个性的名师有坚定的教育信仰，在自我定位中便不会迷茫，更不会坠入职业倦怠的深渊。

提倡个性化发展，是希望教师从专业的小圈子内跳出来，像孔子一样把"老者安之，朋友信之，少者怀之"作为人生理想，立志做个朱永新教授所说的"志业"教师，在教育上找到归属感，释放情感，自由创造，明确自己的使命，达到海德格尔讲的"诗意地栖居在这片大地上"的境界。

教师个性化发展的角色定位不应该仅在于"学高""身正"的自我修为上，不应该仅仅发挥"代言人""传声筒""百科全书""资料库"的作用，而要由教学活动的表演者转变为学生学习的指导者、学生潜能的唤醒者、学生发展的合作者、教育意识的探索者、校本课程的开发者。

个性化，是成长意识觉醒的开始。苏霍姆林斯基曾说："教师的信念——这是学校里最宝贵的东西。"个性化的教师，能安放自由的灵魂，立志成为关注人的教育专家，做一个始终在路上的行者，提升教育智慧，增强职业幸福力；能以宽容、欣赏、敬畏的心态，捍卫学生的童年；能发现未知的自己，努力成为思想者、成长者、自觉者，朝着远大的目标坚持走下去。

从个性化的原点出发，找寻个性化的共性，总能寻找到走向远方的路径，唤醒成长的欲望；对照现实，在多元的平台中，脚踏实地地实现个人愿景，努力成为理想中的自己，从而实现思想和学术的交融，让鲜明的教学个性和独特的教学风格在教育活动中形成并稳定地表现出来。

综观全国特级教师，他们都胸怀梦想，勇于探寻，执着追求，都有一个质朴而又美丽的梦想，那就是“做个好老师”。无论处于怎样的环境中，他们永远向着明亮的远方，奋力前行，百折不挠，坚定地走在路上。我们要寻找一位特级教师作为榜样，以他的成长历程激励自己，树立“做个好老师”的理想，为了目标锲而不舍，不断思考教育的本真，为教学思想的产出奠定深厚的基础。

名师的教育背景、经历经验、性格特征不尽相同，但仔细揣摩，会发现他们在各具特色的教学主张背后，拥有着共同的具有普适性的价值框架，只不过用不同方式来表达、演绎和阐释而已。教师要成长，需要学会锤炼——锤炼教学思想，打磨教学主张，这才是教师教育思想的具体化和凝练化，也是一种个性化的表达。

《论语》中说：“无欲速，无见小利。欲速则不达，见小利则大事不成。”在个性化的发展之路上，教师不能焦急、浮躁，而是要充满智慧地工作，要有教育家的情怀和担当，创设自主发展的空间，营造尊重学术的氛围，学会冷静地思考、专注地研究，最终形成教学思想，涵养教学风格，滋养教学灵性，成为一名有独立人格和个性思想的教师。

个性化是教育的灵魂，是优秀教师的名片。在个性化发展之路上行走，教师一定会焕发出生命的激情和活力，享受职业的尊严和幸福，绽放独特的美，点亮幸福的人生。

修炼五

明思之师，智慧照亮前方

《论语》中说："学而不思则罔，思而不学则殆。"明思，是指清楚地思考，它是教育智慧的源泉，是思维灵活运用的开始。

明师要明思，在明思之中才能更好地琢磨出一些真道理，琢磨出一些好办法，有利于透过现象抓住本质、透过变化认清规律。明思，是把握教育发展规律的关键，是深入实践的具体行动的开始。

明思的道路不止一条，途径有多种：聚焦对教育问题的思考，从教师的层面，读懂孩子；从孩子的视角，理解孩子；站在主观的角度，包容孩子；站在客观的角度，善待孩子；用教育人的眼光，关注孩子；用家长的眼光，审视孩子……全方位、立体化的聚焦，编织了一张智慧教育网，这张网能用一方小世界，容下孩子的大成长。

明思，要从"懂"的角度，读懂孩子的内心世界，读懂孩子的差异，读懂孩子的错误，读懂孩子的问题……读懂每一个孩子是明师必备的基本功。具备这样的能力，就懂得如何激发孩子的学习欲望，让他们爱上学习，满足他们的成长需求。

面对孩子成长中的各种问题，我们不能用强者、权威的姿态，站在孩子的对立面，而给孩子的童年留下阴影。在与孩子朝夕相处的日子中，我们要学会与孩子平等对话，观察孩子。孩子每一个不寻常的反应，都是一个成长的信号；孩子每一个荒诞行为的背后，都是他们心灵世界的折射。

明思，要从"悟"的角度，审视自己的内心世界，审视我们的态度，懂得心灵上的平视才是尊重，不居高临下，不以权威的姿态去教育孩子。站在这样的立场上，才会给予孩子想要的东西，会带给他们超越平凡的能力，能助推他们达到理想的彼岸。

我们心中装着什么，看到的就是什么。装着平静，就能看清孩子的心情；装着尊重，就能看出孩子的成长需求。把孩子看成年少时的自己，就不会愿意给他们留下痛苦的回忆，而会用最优雅的方式，包容孩子，这实际也是在包容我们自己。

明师，在思的过程中自然明。明白了自己和孩子的心灵世界，便会有更多的新方法和新点子，因思而变，因思求变，这样的新思维，如同一道光芒，照亮孩子成长的道路。

读懂学生是教师的基本功

我曾选取了几个班级的学生做调查：你们认为老师懂你吗？结果显示，只有不到五分之一的学生认为老师懂自己，其余的大多数学生都认为，老师不明白自己的需求是什么。

在日常教学中，总会听到身边同事有这样的怨言：“越来越搞不懂现在的学生在想什么了。我付出很多，学生却不领情，学生一年比一年难教。”我们每天都花大量的时间跟学生在一起，但有一天突然发现，学生稚嫩的面孔变得越来越陌生，我们不知道他们喜欢什么、讨厌什么、需要什么。

是学生越来越难教，还是我们的思维固化，没有跟上时代的变化？这个问题首先要搞清楚。随着时代的发展，现在的学生跟孩提时的我们大不相同，甚至跟五年前的学生都不相同：接触的事物不同，所处的环境不同……如果我们仅仅停留在过去，用老思维、老方法来观察、教育现在的学生，觉得学生变得难教也就很自然了。

读懂学生的想法在教育学生的过程中至关重要。“知己知彼，百战不殆”，这是基本的道理，也是对教师的必要提醒。

金波曾说：“只有走进林中，你才能真正地理解鸟儿的叫声。”作为教师，我们要成为教育森林中的一棵树，才能真正地听懂“鸟儿”的叫声。

在一个时期，我发现班里的学生都沉迷于漫画书，而对其他类型的课外读物不感兴趣。后来我借来了几本大多数学生都爱看的漫画书，认真研究，终于发现了学生喜欢看漫画书的原因。比起其他类型的课外读物，虽然漫画书的文学性没那么强，但更贴近学生的年龄特点和心理发展特点，他们普遍喜欢这种图文并茂、贴近生活的内容。

但是，市场上的漫画书良莠不齐，容易让学生走入误区。为了帮助学生对这些漫画书的质量做出判断，并让学生将读书的兴趣转向经典名著，我开始与学生一起读漫画书。每读一本，我都与学生进行讨论，从而全方位地解读、评价这些书。学生听了我的分析，开始有意识地选择好的漫画书去读，还认识到对自己成长更有益的是经典名著。此后，学生的阅读进入了良性发展的状态。

读懂学生，了解学生的兴趣爱好，教师才有底气对学生谈自己的观点；了解学生的特长，教师才有资格对学生谈他们的成长。教师要跟上学生的需求，既不必曲意迎合，也不应放大学生的缺点，或者用暴风骤雨般的方式，让学生背负不应有的压力。

在课堂上，教师要读懂学生对教材的理解，还要读懂学生的表现，这是教师的基本功。有一段时间，我为读懂学生对教材的理解，把苏教版、北师大版、新世纪版、青岛版等教材全部读遍了，还订阅了《小学教学》《小学数学教育》《小学数学教师》等十几种杂志，购买了郑毓信、史宁中、吴正宪等人的著作，如饥似渴地阅读，从而开阔自己的视野，全方位地解读教材，接近学生的学习起点，捕捉学生的生长起点，了解学生的潜能起点，努力做到未雨绸缪和随机应变。

读懂学生的过程，不能仅仅停留在思想的层面上，更需要付诸行动。德国教育家斯普朗格说过：“教育的最终目的不是传授已有的东西，而是要把人的创造力量诱导出来，将生命感、价值感唤醒。”

每个学生都是一粒种子，有发展的强大动力，不能把他们当成弱势群体来看待。

如果某一天，我们真正读懂了学生，就会有更多的时间来享受教育，有更多的机会陪着学生，品味共坐遐思的惬意，领略美好的人生。

身教重于言教

有这么一个让人啼笑皆非的故事：有个孩子爱吃苹果，每逢吃苹果时，爸爸妈妈便问他：“宝宝，最大的苹果应该给谁呢?”他们以孔融让梨的故事来教育孩子，要求孩子挑出一个最大的红苹果给爸爸妈妈吃。然而大人们每次都只是假装咬一口，最后大苹果转了一圈又回到孩子的手里。后来有一次，家里来了客人，孩子迅速挑了一个最大的苹果捧给客人。客人表扬了孩子后，便接过苹果大口吃了起来。这时候，孩子突然大哭起来，认为客人抢了自己的苹果。

在孩子眼里，所谓的“让苹果”只不过是做做样子，苹果最终还是非自己莫属。家长不能做到身教，单凭孔融让梨的故事教育孩子是不够的。

一位妈妈整天愁眉苦脸的，因为孩子在家，不是玩平板电脑，就是玩手机。她每次对孩子讲道理，孩子都听不进去。妈妈认为，手机对孩子的诱惑太大，使孩子上瘾了。但真是孩子玩手机上瘾了吗？不妨听听孩子的想法：“妈妈回到家就是看手机、玩游戏，爸爸也是，大人都这样，我为什么不可以？而且根本没有人搭理我，我只好玩手机。”

一位语文教师每天都会对学生提出很多读书要求，每天都要检查学生的读书情况，并且给学生制订了计划。一切读书的安排貌似完美。一段时间过后，这位语文教师发现，学生读书的效果并不好，便追问学生原因何在。学生的话让他吃惊：“每次我们见到老师，他要么在电脑旁，要么低头批改作业，要么手里拿着手机，没见老师读过书啊！”

荒于读书、疏于读书的教师，是缺乏信服力的。没有读书习惯的教师，怎么可能培养出有良好读书习惯的学生？教师自己都不做的事情，却对学生提出做的要求，学生未必能够接受。

有一位教师课间总是玩手机，几乎很少与学生交流。有一次，他发现班里的学生也偷偷将手机带到学校在下课期间玩。他火冒三丈，当即就把学生的手机没收了，并要求学生认错。学生根本不买账：“学校允许教师课间玩手机，为何不允许学生拿手机?”一句话，问得他哑口无言。

很多时候，教师或家长总是要求自己少一些，要求孩子多一些，这样的做法是不对的。不管是教师还是家长，教育孩子首先要完善自己，这样才能给孩子树立榜样，使孩子在潜移默化中受到有益的影响。

对孩子的不良情绪及时做出反应、耐心疏导，是在培养孩子的细心；在生活中永不言败，在工作中努力进取，是在培养孩子的信心。当我们勤奋时，孩子学会了刻苦；当我们坚强时，孩子学会了面对挫折；当我们豁达时，孩子学会了不再斤斤计较；当我们与人为善时，孩子学会了协作。这些“身教”出来的品质，是孩子一生都取之不尽、用之不竭的财富。

学生学习的欲望去哪儿了

有一次我应邀去外地参加学术活动，在讲课后和与会的教师交流，很多教师都提出了一个问题：遇到不写作业的学生，应该怎么办？有什么办法能够立竿见影，让学生爱上写作业？

我对与会教师说，我带的班里也有学生不写作业，有的学生我只能追着他们要。让学生从不写作业到迅速爱上写作业，这样的方法我也没有。没有调查就没有发言权，每个学生都不一样，没有彻底弄明白学生没有学习欲望的原因，就无法对症下药。我能做到的，是帮助他们慢慢地爱上数学，然后逐步养成写作业的习惯。对于尚未形成写作业的良好习惯的学生，我会催促，但不会发怒，也不会为此而痛苦，更不会逼迫他们，我相信等他们有了学习欲望自然会发生改变。

学生缺乏学习动力，对学习不感兴趣，这样的问题让教师头疼。为何学生不愿意学习？学生学习的欲望到底去哪儿了？

一次，在去江苏的高铁上，我偶遇一位小学生的家长，他跟我谈起了他的女儿。他说他女儿写的字太差，经常被老师批评，他正苦恼于如何让女儿写好字。我看了他女儿写的字的图片，感觉这样的“差”，和“优”之间其实只有微小的差距。她的字真的不差，只不过还不够好。

我觉得，有这样的基本功，写好字不是问题。看家长发愁的样子，我问他他女儿是否有写好字的欲望，他说：“哪里还有写好字的欲望！都没有练字的兴趣。听见练字，就闹情绪，每次都哭。”

陶行知先生说过：“学生有了兴趣，就肯用全副精神去做事，学与乐不可分。”著名教育学家皮亚杰曾说：“儿童不是被动地接受知识，也不是被动地接受环境刺激，而是具有主动性的人，他的活动受兴趣的支配。”苦恼于孩子写不好字的家长和教师，用严厉的措施，让孩子体会到失败的酸楚，受到一次次的挫折，从而失去了兴趣，丧失了动力。

孩子连兴趣都没有，怎么可能有写好字的欲望？无论是家长还是教师，都不可能替孩子写字。要想让孩子写好字，就要激发孩子写字的欲望，这才是重中之重。

我们经常看到这样的情形：为了提高教师的综合素养，很多教育主管部门会进行相关培训。在一次班主任培训中，主讲教师在台上倾囊相授，然而参加培训的教师要么看手机，要么与同事聊天，大家各行其是。后来不少参加培训的教师表示，这样的培训是在白白浪费时间。不来吧，要考勤；听课吧，感觉用不上，距离自己太远。在备受煎熬中，感觉收获不大，激发不起学习欲望。

同样是培训，一次历时四天的高强度培训，教师却起早贪黑，没有一个迟到、早退的，课堂上都聚精会神，生怕错过导师说的每一句话，休息时间还要围着导师讨论交流，学习结束后主动总结，用一篇篇文章记录自己的成长，学习十分用心。

两相对比，教师的学习态度有天壤之别，究其原因，在于后者讲授的内容、培训的方式吸引了教师。看来不是教师不想培训，他们喜欢的是贴近一线教师的、能让他们产生强烈学习欲望的、能让他们真正受益的培训。

看看在培训中不乐意学习的教师，再想想在课堂上没有学习欲望的学生，就知道学习兴趣和学习欲望的重要性了。

行为科学研究表明：如果一个人对所从事的工作有兴趣，那么他的工作积极性就高，就可以发挥其全部才能的80%；如果一个人对他所从事的工作没有兴趣，那么他的工作积极性就低，只能发挥其全部才能的20%。

若学生没有学习的欲望，教师要反思自己：教学内容是否适当？教学方法学生是否喜欢？是不是学生在简单机械的重复中，已经没有了思考的激情和创新的动力？

在一位教师的课堂上，总有几个爱说话的学生，每节课都是如此。教师非常气愤，经常批评他们，有时甚至会邀请家长到校面谈，但收效甚微。

不深入分析学生上课爱说话的原因，就无法对症下药。学生在课堂上爱说话，不是一下子产生的，而是对学习厌倦、对知识困惑、对课堂无奈日积月累，导致失去了学习的欲望。

一位名师讲公开课《运算定律》，他先用生动有趣的方式展示数学信息，让学生提出各种各样的问题，进行师生互动，引导生生互动，列综合式，解析综合式；然后让学生用自己的语言总结发现的规律，师生一起归纳总结，提炼出相关的运算定律；最后适时留下开放性问题让学生思考。下课铃已经响过了，可学生浑然不觉，依然沉浸于和教师的交流中。

课结束了，学生拉着教师的手不愿离去：“老师，您什么时候再来？我们喜欢您的课。”我想这是对教师课堂教学最好的褒奖。对这样的课堂，大家的普遍评价是，学生的思维是灵动的，学生的大脑是开动的，学生学习的欲望是高涨的。在这样的课堂上，学生会开小差、说话吗？学生有了学习欲望，上课便是一种享受。

印度诗人泰戈尔说：“教育的目的应当是向人传递生命的气息。”学生喜欢学习，就会爱上课堂，有了学习欲望，成长就有了蓬勃的生命力。我们要做的，就是让学生有学习的欲望，让他们把学习的美好镌刻于心田。

我们喜欢的，孩子未必喜欢

我的儿子一直有个梦想，想去北京看升国旗，我愉快地答应了他的要求。我想，利用暑假，陪孩子外出旅游，让孩子长长见识，也是个不错的选择。其实，我心中还有个隐藏的想法：北京名校云集，让孩子去北京，感受下名校氛围，树立考上名校的目标，这更是我愿意看到的。

到北京的第二天，按照我安排的旅游路线，我和孩子冒着酷暑，排着队去清华大学和北京大学进行一日游。对于中师毕业的我来说，没上过大学是终生的遗憾，来到高等学府，和孩子在校园内骑着共享单车一起畅游……我如痴如醉，孩子的表情却和我不一样，虽然看不出讨厌，但也看不出兴奋。我问他看了之后有什么感想，但他貌似对游览校园不太感兴趣，不停地催促我离开。

孩子喜欢的，和我们喜欢的不一样。选择去游览清华大学和北京大学，是我喜欢的。我想以这些国内一流大学的环境、氛围和品位，在无形中给孩子树立标杆。他可能感受到了我的用意，“精明”的设计在孩子面前显得目的性太强，孩子并不领情。

蒙台梭利曾说，在与儿童的关系上，成人是一个自我中心主义者，从自己的角度出发考虑一切，因此常常会误解儿童。很多时候，我们站在自己的立场上，认为儿童是空的容器，是懒惰的、无能的，内心是盲目的，所以我们向他们灌输知识，为他们做一切事情，引导他们一步步往前走。直到最后，成人自认为是儿童的创造者。

一位家长对我说，孩子在上小学三年级后，开始学英语。她为了提升孩子的英语水平，没有征求孩子的意见，就给孩子报了一个英语学习培训班。每到周末，她放弃一切活动，专心陪着孩子去学习英语。从小学好英语，长大做具有国际视野的现代人，是她对孩子成长的远期规划。慢慢地，她发现，越学习，孩子的英语反而越差，并没有提升学习英语的兴趣。

在和孩子的谈话中，孩子告诉我，喜欢英语班的是妈妈，而不是他，他很反感去校外学习英语，自己实在没有办法，只好用抗拒的方式来表达不满。

在身边，类似的事情有很多。教师不喜欢学生玩游戏，不喜欢学生拿手机，不喜欢学生在课堂做小动作，不喜欢学生不听话……我们不喜欢的事情太多，总是按照自己的喜好来约束和要求学生，却没有想过学生喜欢什么。

我们从成人的视角，按照我们的喜好，安排孩子要做的事情，给孩子规划了方向，设计孩子的发展道路，通过这一切来体现对孩子深深的爱，可谓用心良苦。出于所谓的爱，却在不自觉中犯了一个错误：始终未曾考虑孩子的感受。

陶行知先生说过：“唯有童心，才能细腻地感受童心，理解童心。”要想知道孩子想什么，就不能忘记自己曾经是孩子，这样才会理解孩子；只有理解孩子，爱才会具体而丰富，爱才会无处不在。

一位家长告诉我，她想尽一切办法，把孩子转回到姥姥家附近的名校，她给女儿选择的教师也是公认的名师，很敬业，很认真，很优秀。一次班级测试，女儿的数学考得特别差，以前成绩总在 90 分以上，那次只考了 70 多分。当她教育女儿课上要专心听讲、积极发言时，她的女儿情绪激动地说自己不喜欢现在的老师，还是喜欢原来的老师，说完竟然泪流满面。

家长很是吃惊：严肃、认真、敬业的老师，孩子竟然不喜欢？家长和孩子对好老师的评价标准是不一样的，而且可能不是现在的教师不优秀，而是孩子出于对学习的反感产生了排斥心理。

成人把自己认为好的东西或好的目标硬塞给孩子，硬生生地在白纸上涂抹色彩、涂画图案，却忽略了孩子的感受。

苏霍姆林斯基说过：只有那些始终不忘记自己也曾是一个孩子的人，才能成为真正的教师。在与孩子相处的过程中，教师要多倾听孩子的想法，了解孩子的需求，不以自己的喜好为标准，尊重孩子的成长规律，站在孩子的角度去看问题，这样才有可能成为孩子喜欢的人。

我们喜欢什么不太重要，孩子喜欢什么才重要。理解孩子，尊重孩子，课堂上才会有民主，才会充满情趣，孩子的潜能才能被极大地激发出来，学习才能变得轻松有效，课堂教学才能精彩无比。优秀教师要具有一颗仁慈、宽容、博爱、善良的心，包容孩子的一些缺点，理解孩子的一些错误行为和偏激行为。

在我的数学课上，学生可以提前完成周末作业，周末“大解放”；课堂最后五分钟，学生可以向我发问……课堂上，我成了“懒老师”，他们却成了“勤学生”。我和学生共读数学童话，按照学生喜欢的方式教数学，他们轻松，我也轻松。只要学生提出的建议合理，我就按照他们的想法来。与其说这是一段学习的历程，不如说是师生共同享受幸福的旅程。

教育孩子，如同培育树苗，不能追求速度，而要合理地修剪和施肥，让其茁壮成长。真正喜欢孩子，就要从孩子的视角，用“童年的眼睛”去发现“童年的秘密”。

萧红在《回忆鲁迅先生》中提到鲁迅对待儿子的一件事。

从福建菜馆叫的菜，有一碗鱼做的丸子。

海婴一吃就说不新鲜，许先生不信，别的人也都不信。因为那丸子有的新鲜，有的不新鲜，别人吃到嘴里的恰好都是没有改味的。

许先生又给海婴一个，海婴一吃，又不是好的，他又嚷嚷着。别人都不注意，鲁迅先生把海婴碟里的拿来尝尝，果然是不新鲜的。鲁迅先生说：“他说不新鲜，一定也有他的道理，不加以查看就抹杀是不对的。”

当教师面对不断犯错的孩子，感到迷茫彷徨的时候，想想自己的童年，就可能多一些理解与倾听；当教师面对爱恶作剧的孩子，几近情绪失控的时候，想想自己的童年，就可能对他们多一些理性与容忍；当教师面对成绩不理想的孩子，感到烦躁不安的时候，想想自己的童年，就会对孩子多一分耐心与等待，便能从容地破译孩子心灵的密码。

心里想着孩子喜欢什么，是教师儿童观的变化。这样的变化，在无形中给予了孩子无限的成长能量。在与孩子朝夕相处的岁月中，我们要学会观察孩子，从孩子的角度出发，引领孩子走向美好的未来。

善待每一个特殊的孩子

班里总有一些特殊的孩子让教师感到头疼。他们调皮、淘气、不懂事，不按照常理出牌，会做出很多令教师意想不到的事。这些孩子要耗费教师很多的精力，花费教师很多的时间，但即使如此，也未必能够达到理想的教育效果。

有一年，我接任四年级班主任工作，一个小男孩给我留下了深刻的印象。当时我们开展了一项活动，主题是“老师，我想对你说”。这个小男孩给我写了一封特别的信：“数学，我恨你，我讨厌你，我厌恶你，因为有时候，我觉得你很难，难得让我生气。有时，我想要把数学书扔掉，然后不再学。有时，我也想要好好学习数学，长大当个数学家，可你就是给我出难题，让我又开始讨厌你。数学，我想对你说：我讨厌你，我憎恨你。”

教学这么多年，我第一次遇到对数学如此痛恨的特殊孩子。后来，我慢慢走近他，终于了解了他不喜欢数学的原因：家长的期望值过高，而他的数学成绩不够优秀，在家长的批评和呵斥中，他失去了学习的信心。家长的焦虑带来了负面影响，让孩子也开始焦虑、烦躁，逐渐厌恶给自己带来痛苦的数学课。

苏霍姆林斯基说过：“只有当掌握知识过程中取得成绩而产生欢欣鼓舞的心情的时候，才能出现学习的兴趣；没有欢欣鼓舞的心情，学习就成为孩子的沉重负担。”

作为一名成年人，我们要站在孩子的角度，尊重他们，平等地对待他们，善待每一个特殊的孩子。要知道，在学习中，他们是主角，我们是配角；他们在台前，我们在幕后；他们书写成长，我们记录故事。同时，我们要让孩子知道，生活与学习中，不仅有顺利、成功、快乐，还有挫折、失败、痛苦，要让他们勇于面对各种境况，慢慢地成长起来。

教师要深入了解特殊孩子的思维轨迹，读懂他们的想法，看懂他们的行为，引导他们成为最好的自己。在不经意间，教师就会成为他们人生的引领者，他们也会成为自己人生的书写者。

我刚毕业工作时，班里有这样一个孩子。每当我说一句话，他一定接着说下一句话，每次都让同学们大笑不已。每当我提出一个问题，他总是第一个发言，虽然往往是答非所问，但依然不影响他的热情。慢慢地，他成了别人眼中的“另类”，大家都认为他喜欢出风头。

于是，我开始禁止他发言。在我的粗暴干涉下，他畏惧于我的“发言禁令”，在一段时间内都不再发言。后来他想发言，一看我的眼神，就赶紧用手捂住自己的嘴。后来，他给我写了张字条，上面写着：“老师，请让我发言。”这张字条深深地触动了我。他虽特殊，但是我也不应该剥夺他说话的权利啊！他的字条，让我认识到了自己的问题：我强加给他的硬性规定，给他造成了伤害。

苏霍姆林斯基主张：孩子的毛病，要让知道的人尽可能少些，要让集体甚至一无所知，这只会有好处。要知道，我们与之打交道的是儿童的心，而这是最微妙和最敏感的方寸之地，接触它时应当分外细心和谨慎、慈爱和善良。他还说过，如果一所学校相信教育的巨大力量，而且在那里根本听不到“他将是一个没出息的人”这类话，那么这个学校的学生集体的精神生活就会具有无与伦比的乐观主义色彩。

朋友给我讲了他儿子的故事。他的儿子性格活泼，进入中学后特别爱说爱笑。孩子进校后需要进行封闭学习，晚上也在校住宿。没过多久，孩子就违反了纪律：晚上休息的时候，和同宿舍的同学说话，并且在宿舍管理员警告之后，又说了几句话。教师为了保持宿舍的纪律，不影响其他同学休息，把孩子和另外一名爱说话的同学调进了另一个宿舍，让他们两个一起住。就这样，孩子住进了“标间”。

让朋友苦恼的事情还在后面。一段时间后，孩子变得不太积极、主动，也不多说话，开始自暴自弃，学习成绩也出现了明显的下降。后来，朋友和孩子交流后才知道，孩子说话一方面是为了引起别人的注意，另一方面是对集体生活充满了好奇，总想知道别人的感受。谁知道会有这么“难忘”的一次经历，这对他造成了意想不到的伤害。

成长是一次长跑。领跑者不是教师，聪明的教师只会助力、呐喊，懂得让学生成为奔跑的主角。就如同一个花园，虽然里面的花很美丽，但是旁边的小草更有生命力。特殊孩子就如同花朵身边的小草，他们用绿色来呈现自己的盎然生机。教师要相信他们一定会寻找到自己的成长点，只不过与其他孩子的方式不同而已。

对特殊的孩子，我们要允许他们慢慢来，要了解他们的成长需求，允许他们有别的选择。当他们自然寻找到内在动力的时候，就是他们成长的开始。就像北京一零一中学校长郭涵所说的：“教育要看得宽，要超出一间教室、一个操场、一所学校；要看得远，要超过一堂课、一个学期、一个学年；要看到孩子整个漫漫人生的发展。”开阔视野，放平心态，“特殊”也就变得“普通”起来，孩子在成长中遇到的问题便会迎刃而解，教育也会变得更加简单！

让孩子畏惧，不如让孩子敬畏

一位妈妈在教育孩子的过程中遇到了一件烦心事。每当提起老师，她的儿子都特别害怕，变得特别听话。为此，这位妈妈很忧虑。之前，她的儿子特别活泼，上小学后，就成了很多老师眼中爱闹腾的孩子。老师对她说，孩子一刻也静不下来，与孩子多次谈话，效果也不明显。她就说，希望老师严格要求孩子，让孩子安静下来，帮助孩子养成好习惯。

一段时间后，她忽然发现孩子变得特别安静，而且不想去学校。追问原因，孩子说，他害怕老师，不敢看老师的眼睛，不敢跟老师说话，一看到老师看他，就感觉自己可能又做错了事，变得紧张起来。

为了让孩子快速达到成人想要的效果，成人往往按照自己的想法，人为制造一种令人恐惧的氛围，用粗暴的方式对待孩子，让孩子畏惧。教师和家长人为地给孩子带来一些“吓人”的经历体验，却美其名曰“成长必修课”。

用成人的眼光，不考虑孩子的感受，把成人理解的道理用成人化的方式强加给孩子，只会让孩子体会到失望、失误、失败，留下不必要的伤痛、伤感、伤痕。承载了教师和家长太多愿望的孩子，在童年过早地尝到了苦涩的味道，一句“不让孩子输在起跑线”上，让孩子饱受“成长”的折磨，让孩子失去了快乐的童年。

从表面上看，孩子按照教师预设的目标，短时间内产生了效果，改变了行为，达到了要求，却不知好的教育是对个性的包容，更是对个体的尊重。

我的很多同事都喜欢在办公室里培育绿植，他们交流培育经验时说，想让绿植生长得好，得给它们提供适宜、宽松的环境，这样它们才能健康茁壮地成长，如果浇水、施肥过多，培育过度，就会适得其反，它们会枯萎。

教育孩子也是同样的道理，但教师往往把孩子当作可塑性很强的橡皮泥，粗暴地干预，强行地改变，按照自己的意志来塑造孩子。

有不少教师，要求孩子必须老老实实、安安静静地待在教室里，要么读书，要么做作业。课前的时间，也不准说一句话，不准走一下神，如若不然，等待孩子的可能就是批评。

“己所不欲，勿施于人。”教师在开会、培训的时候，隔一段时间，要么讨论一下，要么休息一会儿，这才是正常的。想一想，要求孩子在教室里一直保持注意力高度集中，一动也不能动，的确是强人所难。

教育孩子，强压容易自觉难，灌输容易激活难。强压与灌输，与人的天性背道而驰，与人的成长规律相背离。孩子成长，终究需要自省，明白成长背后的道理，这才是最重要的。

德国著名的教育家福禄培尔在《人的教育》中把教师比作修剪葡萄藤的园丁，把学生比作葡萄。他告诉我们：为进一步接受大自然的教训，葡萄藤应当被修剪。但修剪本身不会给葡萄藤带来葡萄，相反，不管出自多么良好的意图，如果园丁在工作中不是十分耐心地、小心地顺应植物本性的话，葡萄藤可能由于修剪而被彻底毁灭，至少它的肥力和结果能力会被破坏。

也就是说，教育者在教育孩子时要适应孩子的本性，应当懂得规律，更要遵循规律。如果想让孩子自由地成长，应该像园丁对待葡萄藤一样，不能因为过度修剪而让葡萄藤结不出甜美的果实。

如果破坏孩子成长的自然状态，破坏生态土壤的平衡，它的“副作用”就会在孩子的成长过程中显现出来，在畸形的状态下，健康、茁壮地成长成了空谈。

如果教师能不刻意改变孩子的自由状态，让孩子敬畏而不是畏惧，教育也能在不经意间达到应有的效果。

一个孩子转学来到我的班级，“习惯不好”“不自觉”“学习成绩太差”……一系列“标签”被很多教师贴在了他的身上。经过一段时间的观察，我发现，他做事没有时间观念，写作业总是拖拖拉拉，学习基本靠教师监督。

曾有教师对他严加监督，每天早晨，教师来到班级的第一件事，就是检查作业，如果没做完，批评、扣分、请家长……种种严厉的措施，都在这个孩子的身上用过，然而仍旧不见效果。慢慢地，他就不再喜欢写作业了，而且越来越讨厌上学，越来越害怕见到老师，总是想方设法请假不来学校。严厉的爱却换来了厌倦、反感。后来有一次，他说：“我从没有见到老师对我笑过，我害怕老师‘乌云密布’的脸，如果老师每天都能对我笑三次，让我做什么都愿意。”

他转到我们班后，我没有苛刻地检查他的作业，而是尊重他的意见，和他一起制订了学习计划。每天，他都自己安排时间，记录下做一件事、学习一个知识点计划用多少时间、实际用多少时间。每天晚上，他都进行自我总结，并给自己的计划完成情况打分。我与家长配合，发现他的优点，并给他提出合理的建议。

当然，他毕竟是孩子，会出现意志不坚定的情况。每次遇到这种情况，我就适时地提醒，让他按照自己的计划完成任务，并严肃地对他说：“这是底线和原则，不能突破。”一个月后，不用监督，他基本能完成作业，并且作业的质量越来越高，取得了很大的进步。我不定时地对他进行鼓励。在宽松、适度的环境中，他出现了质的变化，给我带来了一个又一个惊喜，家长对孩子越来越满意，孩子也越来越喜欢学习了。

换一种思路，换一种方法，教育效果也许就不一样了。从对老师的厌恶到喜欢，从对老师的畏惧到敬畏，孩子心态的改变，给未来创造了无限可能，给师生关系带来了和谐之音。

古人曾说：“凡善怕者，必身有所正，言有所规，行有所止，偶有逾矩，亦不出大格。”要让孩子敬畏，教师就应通过自己的言行、学识让孩子产生尊重、敬佩之情；要让孩子敬畏，教师就要审视自己的儿童观，明白指导孩子发展的核心和关键；要让孩子敬畏，教师就应谨言慎行，说话有分寸，行为不冲动，不做出格之事。

培养孩子对教师的敬畏之心，比单纯地教授知识更重要。教师要让孩子找到人生的价值、生活的意义，发现自己，提升自己，成就自己，形成健全的人格，明白自己的任务是发展，明白明日的“我”是什么样子的。

敬畏教育，应该成为孩子培养中浓墨重彩的一笔。敬畏之心，应该陪伴孩子的一生。

心平气和是给孩子最好的滋养

我在网上看到了这样一则消息：某小学一年级某班，教师对孩子期末考试的成绩很不满意，十分恼火，便要求语文成绩在96分以下的学生站到讲台上，向教师和考了96分以上的同学道歉，并说自己"拖后腿"了。该教师的解释是对孩子进行挫折教育，但很多家长并不认同这种做法，认为该教师不能心平气和地对待孩子，伤害了孩子的自尊心。

不能心平气和地对待孩子小小的错误或失误，这样的现象比比皆是。我曾经遇到一名一年级孩子的家长，期末测试后她看到孩子的考试成绩是99.5分，便严厉地对孩子说："如果你听妈妈的话，再认真一些，就不会扣掉0.5分。"妈妈表情严肃，孩子眼神无辜。看到家长这样发火，我很想去问问这位家长，不知道她在上学期间是不是每次都考100分，如果不是，那么连自己都做不到的事情，为何要强迫孩子做到？因孩子偶尔的一次失误指责他，让他感到痛苦和创伤，这并不是对孩子真正的爱。

每一个孩子在成长的过程中都会出现各种各样的问题。在面对孩子问题的时候，很多教师和家长都很难控制自己的情绪，很容易发怒，这实际上是以对孩子负责的名义做着伤害孩子的事情。大家眼中那些"不够优秀"的孩子，可能他的天资不够聪慧，也可能调皮捣蛋，但在如何对待孩子上，我们有多种选择：耳提面命或旁敲侧击，放任不管或循循善诱，严厉斥责或心平气和。在我看来，要做出适当的选择，有两个原则是要遵循的：一是要基于孩子未来的发展，二是要让孩子有足够的兴趣和持久的动力。简单的道理，不同的选择，决定了我们对孩子的教育是成功还是失败。

严厉呵斥未必能够让孩子自然地成长，心平气和未必不能激发孩子的内在动力。靠恐吓，靠诱惑，孩子在发展之路上注定走不远，这样的教育，不仅伤害了孩子，也有可能伤害教师或家长自己。

苏霍姆林斯基讲过这样一个故事：某班班主任对待学生很认真，也很严厉，上课时教室里鸦雀无声。全班 33 个孩子纹丝不动，两眼直直地望着班主任。孩子们的温顺给了班主任莫大的成就感，只有米沙老是坐立不安，摇头晃脑，嬉皮笑脸。班主任常气得罚他站墙角，甚至要把他赶出教室。有一次校长听课后说：要调 5 个学生到另外一个班去。话音刚落，孩子们不约而同地跑到隔壁班去了，教室里只剩下一个学生——竟然是米沙。班主任惊愕得不相信自己的眼睛，她脸色惨白，悲痛万分，低声问："你为什么不走?"米沙的眼里涌出泪水，低声回答："我可怜您。"直到这一刻，班主任才发现这孩子可贵的心灵！

从故事中，我们看到了孩子的善良，孩子就像一面镜子，让我们不停地反思。急功近利不是真正爱孩子，每一次声色俱厉的批评，除了增加孩子的畏惧，还能增加什么？教师往往以权威自居，变得越来越傲慢，不能心平气和，逐渐失去知人之智，也越来越读不懂孩子心灵深处蕴含的成长密码。

我们总是希望每一个孩子都省心省事，希望他们能够顺利地完成规定的任务，达成事先制定的目标，往往对完成任务、达成目标的孩子大加赞赏，对没有完成任务、达成目标的孩子则吝啬赞美的语言，甚至大为光火，严厉批评。问问自己：面对"不省心"的孩子，你能做到心平气和、和颜悦色吗？

优秀的孩子不缺少喝彩声，普通的孩子更渴望得到鼓励和掌声，他们内心深处最希望得到教师和家长的认可，希望在自己犯错误时能得到心平气和的对待。

一个周末的晚上，一位初中生的家长给我发来求助短信，他之所以向我求助，是因为我是这个学生小学时最喜欢的老师。从家长的短信中，我能体会到他对儿子沉重的爱。这位家长是一名退伍军人，在孩子小时候，他的教育方式如同军训，在家里面，他就是绝对的权威，孩子稍有不从，他就会粗暴动手，采取的是“虎爸”式的教育方式。

小时候，孩子很乖顺、听话。到了初中二年级，孩子性格大变，不再那么温顺，反而跟爸爸的性格高度相似。在课堂上，小组合作学习中稍有不顺，孩子便会对小组同学大发脾气；在学校中，如果不顺心，往往通过暴力解决问题。在好几个同学的家长向班主任反映了这个问题后，孩子的爸爸也认识到了问题的严重性。现在的他束手无策，非常苦恼。他试图改变自己，与孩子沟通，但孩子已经变得非常叛逆，不愿意和爸爸交流，即使交流，也都是以不愉快开始，以冷战结束。

原来他为何要对孩子管理得那么严格和苛刻？家长告诉我，他小时候，父亲就是这样对他进行教育的，他觉得这样的方式能够培养孩子的男子汉气魄，未来进入社会就能够快速适应，敢于面对各种挫折，增强战胜困难的信心和勇气。“没想到他成了叛逆的‘熊孩子’，我试图改变自己的教育方式，但是一直找不到好办法，最关键的问题是，现在孩子已经不跟我沟通了。”

在指责的环境中长大的孩子学会了指责，在抱怨的环境中长大的孩子学会了抱怨。家长没想到，苛刻的要求不仅没能如愿，反而增添了很多烦恼。家长妄想以爱的名义控制孩子的思想和生活，却制造出一种可怕的局面。孩子在这样的环境中长大，没有学会对身边的人尊重和敬畏。家长本想对孩子进行挫折教育，没想到最终受挫折的反而是自己。

孩子是踩着父母的脚印、踏着父母的节奏、跟随着父母的身影慢慢长大的。没有一个孩子生下来就是爱惹是生非的“熊孩子”，正是受到了父母潜移默化的影响，孩子才“复制”了父母的缺点。

要让孩子成为幸福的个体，就应该让他们保持心平气和，善于用积极的心态看待外界事物，拥有强大的心理能量，发掘幸福的内在源泉，乐观地面对每一个人，积极地看待学习和生活。每一位家长和教师都需要有一种平静的心境，对孩子有清楚的认识，对孩子进行适当鼓励，让孩子在成长的过程中感受到成功和快乐，而不是痛苦和折磨。

每当我们对孩子发怒的时候，请压制一下，试着把孩子看成年少时期的自己。如果是自己，你愿不愿意受到这样的教育？愿不愿意留下痛苦的回忆？让我们包容孩子的错误，用宽广的胸怀，用心平气和的方式，用最优雅的姿态，让孩子感受教育的美好。

只有心平气和，才能了解孩子所需，才会给予他想要的东西。陪伴孩子幸福地慢慢成长，这是给孩子最好的滋养。

心灵上的平视才是尊重

随着时代的发展，电脑和手机早已是很多家庭的必备品。为了防止孩子沉迷网络，我们站在成人的角度，给孩子制定了很多规矩：禁止带手机进学校，禁止玩手机，禁止玩电脑游戏……部分孩子容易上瘾，没有辨别力和自制力，在没有好的办法之前，只能硬性规定不允许在学校玩手机，用强制的方式让孩子远离诱惑。更有甚者，规定如果带手机进学校，需要回家反思几天后才可以继续回到学校学习。教师这样做的目的很明确，希望孩子心无旁骛、专心致志，把精力都用在学习上。在遇到类似问题的时候，教师往往也都是采取强硬的手段，这些硬性措施把孩子逐渐培养成了表面服从、内心叛逆者。

一位家长给我讲了一件让他头疼不已的事，教师发现他的孩子经常带手机去学校，将情况反馈给家长后，家长没收了孩子的手机。没过多久，家长发现孩子的床头多了一个充电器，观察几天后，才知道孩子用压岁钱偷偷买了一部新手机，办了一张新的手机卡。

在绝对权威化的背后，是一大部分孩子的逆反。他们越是得不到，越想得到。大人有大人的方法，孩子有孩子的措施，孩子用他们的行动，给我们带来了意想不到的烦恼。

家长和教师强行让孩子远离手机和电脑，是一味地“堵”，而没有进行“疏”。这样的措施，并不能消除手机和电脑对孩子的诱惑。粗暴干涉、禁止的仅仅是孩子的行为，而孩子的思想并没有转变。

孩子往往会用无声的反抗，宣泄自己对粗暴干涉、禁止的不满。

在和孩子相处的过程中，我们总是停留在自己的世界里，凭着主观经验去判断孩子的行为。很多时候，我们并不清楚孩子带手机到学校要玩什么，在电脑上要干什么，很少去辩证地分析积极因素和消极影响，很少能够选择合适的策略，引导他们正确地使用手机，理性地对待电脑游戏，逐步养成良好的习惯。

陶行知先生说过："来到小孩子的队伍里，了解你的小孩。你不能教导小孩，除非是了解了你的小孩。"不了解孩子，就没有心灵上的平视，更谈不上对孩子的尊重。只有了解孩子的所思所想，才能走进他们的内心世界，才能真正教导好孩子。

有这样一个故事。小男孩有两个苹果，妈妈对他说："分给我一个，好吗?"小男孩没有说话，只是把两个苹果各咬了一口，妈妈有些伤心。这时，小男孩把一个苹果递给妈妈，说："这个苹果甜，给妈妈吃。"原来，他并不是想要独占两个苹果，而是选择一个最甜的给妈妈。

有时候，教师不等孩子解释就武断下结论，这样很容易误会孩子，伤害孩子幼小的心灵。我们要从心灵上平视孩子、尊重孩子，遵循教育的规律和孩子的心理发展特点，给他们的未来带来更好甚至最好的发展可能性。

每一位教师面对孩子的调皮捣蛋和所犯的错误时，都可能产生过冲动，有过愤怒。无论何时，无论何事，不经意地伤害孩子，都会给不懂得理性思考的孩子带来心灵的误判，童年的痛苦会过早地植入他们的心田，有可能会使他们认为自己能力有点差、水平不够高、做得不够好。

著名作家毕淑敏讲过自己小时候的一个故事。她参加了学校的合唱团，音乐老师说她唱歌走调，让她不要参加比赛。但由于队形的排列需求，缺少一个女生，于是又把她叫回来了，只是要求她站在队伍里不要出声，只做口型就行。经过这件事情后，再遇到唱歌，毕淑敏都说自己不会唱。小时候的这件事，伤害了她的心灵，对她来说，唱歌不再是享受，而是充满了恐惧。

我也有过类似的童年经历，让我对唱歌逐渐失去了兴趣和自信。时至今日，我都不敢唱歌，也难以忘记自己曾经受到的心灵伤害。

我是在村里上小学和初中的，因师资缺乏，学校从没有开设过音乐课。我考入师范学校后，学校开设有音乐课，对于大部分学生来说，音乐并不是难事。但是对我来说，由于未曾学过，音乐就成了我迈不过去的一道坎：我看不懂五线谱，更不会视唱。音乐老师似乎发现了我的“短板”，每节音乐课都要把我拉出来对着五线谱视唱。最开始，自信的我对着音符一个一个认真地唱，却引起了哄堂大笑，但我并没有感受到压力，仍然认真地学习音乐。可是，每次音乐老师总是挑选我上台视唱，一个个音符式的唱法让我成了全班同学的笑柄。

音乐老师似乎特别“重视”我，在她的音乐课上，一次也没有“饶”过我，每节课一定提问我。后来，每到上音乐课的时候，我都如坐针毡，度日如年，浑身冒汗。其实，我们的音乐老师很严厉，也很认真，我们是她从教后的第一批学生。为了不丢脸，我拼命地学习，认真地唱，争取学好音乐，最后总算能顺利地完成视唱，并得到了同学的认可。没有想到，期末考试中，我自认为考得很不错，但仅仅得了 60 分，原因竟是我平时成绩差，在老师心中没有留下好印象。

时过境迁，提起这段经历，我仍感觉难受。年少时这段心酸的经历，虽然痛苦，但也给了我很多启发。我深感教师对孩子心灵的平视有多么重要。一次发自内心的理解和尊重，可能改变一个孩子的一生。一次痛苦的经历和体验，比任何伤害都后果惨重，因为可能影响一个孩子的未来。每一个孩子都渴望得到尊重、受到平视，无论他是否优秀。

加拿大教育家马克斯·范梅南认为，看待儿童其实就是看待可能性，看待一个正在成长过程中的人，看待一个不断发展的人。我们无法预料孩子的发展，正是因为无法预料，所以要给予他们更多的可能。

我遇到过一个非常淘气的孩子，同学们谁惹他不高兴，他就向谁吐唾沫，很多同学都不喜欢他。有一次，班主任批评了他，他就在教室的地上打滚哭，班主任越哄劝，他越哭闹得厉害。他的“事迹”传遍了校园，所有教师和孩子都知道。

我始终相信，批评他不如相信他，监督他不如慢慢改变他。我让他担任数学小组组长，慢慢培养他成为班级的五个数学小助手之一，给了他充分的时间和空间，让他自我调整、自我改变。终于，他慢慢发生了改变，文明的种子潜移默化地植入了他的心田，开始生根、发芽、开花，渐渐地，阳光、向上等积极因素也融入了他的精神世界，他逐渐成为“最好的自己”。

在心灵上平视孩子，不放大孩子的缺点，不缩小孩子的优点，当我们把缺点缩小的时候，孩子的优点便会慢慢地变大。

有这样一个故事。一次，苏东坡和佛印和尚在林中打坐。佛印对苏东坡说：“观君坐姿，酷似佛祖。”苏东坡心中欢喜，看到佛印的褐色袈裟拖曳在地，就对佛印说：“上人坐姿，活像一堆牛粪。”佛印微笑不语。苏东坡心想，这回让佛印吃了一记闷亏，暗暗得意，回家后忍不住悄悄告诉了苏小妹，想不到苏小妹却说：“哥哥，你输了。佛家有云：心有所想，目有所见。佛印心中有佛，所以看你像佛。而你看他像牛粪，是因为你心中只有牛粪呀!”

我们心中装着什么，看到的就是什么。心中装着平和，就能平心静气地面对孩子的各种问题，看待孩子的眼光也会因此而改变，会带给孩子超越平凡的动力，助推他们达到理想的彼岸，同时自己也会赢得尊重。

平视是和谐的基础，是教育者应该拥有的姿态，是遵循教育规律的体现。作为教育者，我们应站在儿童的立场，不居高临下，不用权威的眼光看孩子，不把细小的问题放大化，不因个人的主观判断而误会孩子。

不要急着给孩子下结论

我一直认为自己有恐高症，这个结论由来已久。有这样的想法，是因为小时候的一次经历。

上初中之前，我上学的教室都是大瓦房。隔壁的小学建起了两层的教学楼，在好奇心的驱使下，我第一次登上楼房的楼顶，从上面看地面，内心惊悚，大脑眩晕，唯恐从楼顶掉下去。那种感觉，至今记忆犹新。

从此以后，我再也不敢轻易登高，不敢从高处眺望。即使万不得已登上高楼，也绝不临窗眺望。即使登山，也绝不会轻易回头看走过的路。走到悬崖峭壁处，我总是闭着眼睛，扶着栏杆一步步挪过去。再美的风景，都没有恐高带给我的体验深刻。虽然我不清楚恐高有哪些具体症状，但是我一直认为自己有非常严重的恐高症。

人比较容易下结论，不管对自己，还是对别人。下结论很容易，改变结论却很难。

有一次我和朋友相约登山，朋友选择了一个景区，他说这个景区尤其适合我这样恐高的人。朋友这么一说，我自然非常期待。特别是朋友说远方一定有惊喜，未知的陌生感和对惊喜的渴望，让我很期盼前面的风景。

走到接近山顶的地方，没有其他路可以走，只有一条玻璃栈道。我顿时被吓住了，心里想：这就是朋友所说的惊喜？我不敢前行一步："我恐高，走不了，走这样的路，要被吓死了。"我准备原路返回，朋友不听我解释，硬拉着我走上玻璃栈道。我只好在靠山的一侧闭着眼睛慢慢摸着走，朋友却一把把我拉到了靠山谷的那一侧，他说：“你看看脚底下就是万丈深渊。”我睁开眼睛一看，朋友已经快步走开，走到了离我很远的地方。我瞬间崩溃，这样的“损友”到底要干什么？我感觉自己要窒息了，我的腿一边挪动一边发抖。慢慢挪，慢慢移，我终于走到了终点。刚走到终点，又被朋友拉到了玻璃栈道上，他逼我再走一次。就这样反反复复折腾了一个多小时，到最后，我对脚下的万丈深渊毫无感觉了。

走下山，我发现自己的恐高症状消失殆尽。原来我不是真的恐高，我真正恐惧的，不是高山和高楼，而是小时候的恐高经历。那时我给自己贴了“标签”，整整20年，我一直活在了恐高的世界里。一个人所谓的害怕、恐惧，其实往往是不想突破自己。自己找寻的理由和借口，是无形中给自己套上的精神枷锁。

换一种心态看问题，很多困难都能迎刃而解，很多想法都会变得单纯，很多害怕也能变成勇气。

我儿子上幼儿园的时候，看似内向的他却有一颗不安分的心。在课堂上，他总是最活跃的，这种活跃不仅表现为课堂上积极举手发言，而且眼睛到处看、动作异常多。这些活跃的表现汇聚在一起，老师就不太喜欢他了。“注意力不够集中”“课堂上小动作多”，这是老师最初给我儿子下的结论。

我相信孩子会改变的。到了小学阶段，我给儿子充足的时间和空间，除了必要的帮助，并不对他多加干涉，让他自然地生长，活泼、爱动等特质如影随形。“孩子普通，不优秀”，是他小学阶段很多人反馈给我的结论。但无论是怎样的“结论”，我都能接受，我能理解儿子的普通，接纳儿子的错误。因为我相信孩子是在不断犯错、试错中长大的，家长和教师需要悦纳他的错误。

但犯错误总是要付出代价的，无论是否情愿。进入初中后，儿子就遭受到了人生中的第一次打击。小学阶段，他们从未进行过成绩排名。进入初中后，他在第一次考试中的成绩排名比较靠后。大大咧咧的他并不在乎。第二个学期末考试，他的排名又比较靠后。“太活泼、自控能力差、注意力不集中”，这些成了贴在他身上的“标签”。

青春期的孩子，思想变得活跃。慢慢地，这些“结论”的负面作用开始显现，儿子发生了意想不到的变化。在一次次的挫折和打击下，他的思想开始混沌，开始用叛逆回应成长路上的挫折。他迷上了玩电脑游戏，不喜欢严格、认真的教师，学习信心不足，常常用不听课来表达自己的不满。

谁都期盼自己的孩子优秀，尤其是教师，总爱用身边优秀孩子的标准来要求自己的孩子，希想自己的孩子成为所有优秀孩子的综合体，具备所有优秀的特质。特别是名师，一句“名师不能只发展自己，还要好好培养自己的孩子”，就给名师带来了思想上的压力。是啊，如果自己的孩子不是佼佼者，名师也会承受很多压力甚至承受别人异样的眼光。

一系列“结论”，让我不再淡定，变得焦虑起来，压力也越来越大。为了让孩子不再被“另眼看待”，我改变了自己的态度，开始严格要求儿子，每天都抽出时间陪他写作业，经常和他谈心、给他写信。采取了一系列措施后，儿子仍然没有成为很多人眼中优秀的孩子，我也越发苦恼起来。

后来我想起了自己恐高的经历，便开始改变内心对他学习成绩优异的希望，换了一种心态考虑问题：衡量他的标准多元一点，让他不再感到恐惧，或许会收到意想不到的效果。我把儿子转到另一所学校，换了一个新环境，给他更多的时间和空间，让他自己去悟出更多的道理，我相信，他会进步的。慢慢地，他发生了变化，爱好更加广泛了，学习也更有动力了。虽然他和别人还有差距，但在我眼中，他发生的变化简直是翻天覆地的。

蔡元培认为，教育是帮助被教育的人，给他们能发展自己的能力，完善他的人格。无论花开得早晚，都需要静待花开。对孩子，不能计较所谓的“结论”，面对自己的在别人眼中“一般”的孩子，要保持一颗平常心。

有时候教育孩子，就像手握一把沙子，你越是攥得紧，握住得越少。几次失败的经历，让我明白了一个道理：每个孩子都会有自己未来要走的路，成才重要，成长更重要。在陪着孩子成长的日子里，我不断调整教育方式，每周给孩子写一封信，陪着他读书，不再给他巨大的压力，让他学会释放，给他衷心的支持，让他找回迷失的自己，学会享受学习的幸福。

理查德·韦斯伯德在《守护孩子的幸福感》里这样说道：“我们完全有能力将孩子培养成情感丰富并负责任的人，培养成正直守诺的人。”未来是长远的事情，负责、自信、正直、勇敢……这些都是孩子健康成长的生长点。只要提供适宜成长的土壤、阳光、空气和水，相信他，给他时间和空间，他一定能自己寻找到光，并向着阳光灿烂处生长。

成长中有太多的不确定因素，每一件事情都可能成为成长的关键事件。在这么多不确定的情况下，轻易下结论是让人感到恐惧和害怕的。很多教师眼中的好孩子，集万千宠爱于一身，像温室里的花朵一样受到呵护，这其实并不是一种全面的、健康的教育。

不轻易给孩子下结论，是让教师知道衡量孩子应该有多种标准。不轻易给孩子下结论，是希望成长具有更多的可能性，从而使每个孩子都有一个美好的未来。

后 记

成为明师，一直都是我的梦想！

我用敬仰的眼光默默地注视，不断靠近，在不断蜕变中，实现发展的突破，让成长的光芒照亮我前行的路。

第一次蜕变：从公开课的失败者到优质课的诠释者，在追梦中蜕变

1995 年，我初为人师，在一所濒临倒闭的农村学校、几间简陋得不能再简陋的教室、东倒西歪的办公桌的陪伴下，开始了自己的教学生涯，靠着满腔热血，追寻着自己的梦想。

时至今日，我依然清晰地记得，学校领导听了我的一节公开课后没做任何评价，只是摇了摇头。在学生时代，我很“优秀”，早已习惯了众星捧月的待遇。没想到刚参加工作，失败就来了，而且来得这样猝不及防，让一向要强的我觉得很没面子。静下心来，我想：我一定要好好地修炼自己，要把课上好，为自己赢得尊严。

此后，为了上好每一节课，阅读与写作成了我最好的修炼方式。我把书籍作为自己成长的土壤，每天用笔记录自己教育生活的点滴，为自己的教育成长留下了印记。

因为在全乡最差的学校任教，所以没有人注意到我。在默默无闻中，我度过了工作的第一个七年。2002 年，我终于有机会参加县优质课比赛了。第一次进县城讲课，别人用电脑，我用的却是手写的幻灯片。无论是在教学设计上，还是在多媒体的运用上，差距悬殊，结果自然在预料之中：第一次赛课以失败告终。但不管怎样，我终归算是迈出了成长的第一步。

我没有灰心，而是暗下决心：我要在课堂教学中不断摸索，要做得更好。我要讲课，我要登上优质课的舞台，我不断给自己争取机会。四年后，我参加了省优质课市级选拔赛。这是我第一次走上市级比赛的舞台，然而仍然没有成功突围，以失败告终。

我有一种不服输的精神，我相信，我一定会等来属于我的春天。又是三年，又是一段成长的磨炼，2009 年，我凭着自己的努力，在市小学数学选拔赛中脱颖而出，参加了省优质课比赛，终于得到了更多人的认可。

近十年来，我凭借勤奋和努力获得了全国录像课一等奖，该课被评为“一师一优课、一课一名师”活动部级“优课”，3 次获得省优质课一等奖，还有 26 项省、市级技能比赛、说课比赛、评课比赛等的一等奖。此后，我一次次登上省内外公开课、展示课的舞台。

当我将实践的成果应用在课堂的时候，当我看到孩子们求知若渴的眼神的时候，我感觉虽历经磨难，却乐此不疲。

我要构建真实开放的课堂，让课堂滋润孩子的生命，用真实问题、核心问题构建“学为中心”的课堂，让课堂更有特色、更有张力、更有魅力；提炼系统的教学主张，用鲜活的、智慧的、灵动的、创造性的数学教育，让学习真实、真正地发生，凸显数学的教育价值；构建属于师生的数学生活，使师生在教与学的过程中共同发展，实现更大的突破。

从一名公开课的失败者蜕变为优质课的诠释者，我赢得了更好的发展空间。上好课的梦想照亮了现实，让我有了仰望星空的渴望。

第二次蜕变：从“草根教师”到河南“最具成长力教师”，在筑梦中蜕变

2010年，《教育时报》评选第二届河南“最具成长力教师”，我被县教育体育局推荐，参与了评选活动。那一年，我刚从农村调到县城，从没被报纸报道过，更没有接受过记者的采访，一直都是默默无闻地成长，这次竟能被《教育时报》关注，有种受宠若惊的感觉。

记得初选时，让我呈报成长事迹和日常文章，当时我想都没想，就把平时写的博客随笔“打包”发了过去。在我看来，我写的文章“土得掉渣”，我把自己定位于“打酱油”的角色。没想到，编辑看了之后评价说：“看了您的博客，发现您不仅时刻用阳光的心态感染人，对自己的专业、人生也有明晰的定位和明确的目标。”

由此，《教育时报》把我确定为“最具成长力教师”候选人，还通知要对我进行采访。这着实把我吓了一大跳，内心开始忐忑不安。

从没想过“草根教师”也能接受记者的采访，并有机会被《教育时报·课改导刊》头版报道。这次采访使我相信：专注成长，便会机会多多，发展无限。

时至今日，我还清楚地记得，当同事把印着以《刘忠伟：生命在坚守中绽放》为题的报纸送到我手中的时候，我激动得跳了起来。

在此后的日子里，从“最具成长力教师”到做“最具成长力教师”的评委，我的心智逐渐成熟；从“最具成长力教师”到河南教师成长学院的小学数学班班长，我的素养不断提升；从聆听专家讲课到登台上课，我的能力得到锻炼。在一次次活动中，我逐步实现了从有潜力到有实力的蜕变。

渐渐地，我有了更大的梦想，也有了更多渴望。在脚踏实地中，我开始了圆梦的行程。

第三次蜕变：从“河南省名师”到“中原名师”，在圆梦中蜕变

2014年，河南省要从各地市推荐的32位省名师中选拔10位“中原名师”。为了公正、公平，省教育厅全程委托北京师范大学等第三方高校专家进行评价。我被市教育局推荐为候选人，面对的是从全省选拔出来的“拔尖教师”，竞争之激烈、淘汰之残酷，是我从未经历过的。

学校校长分析完参与评选的教师名单后对我说：“我们只是一所小县城的学校，而且你不是校长，论综合评价和区域优势，你最不占优势。”听校长这么一说，我压力倍增，但我又想：既然这么弱，干脆奋力一搏，无论结果怎样，都不能成为一个“过客”。

“中原名师”评选要历经名校见习、名师工作室验收、教师发展学校验收、封闭考核、演讲答辩、校长答辩六个环节。在名校见习环节中，我和另外两名教师被分在了北京润丰学校，由于对考核方式不熟悉，在第一关总分为50分的考核中，我只得了42.3分，距离第一名有5分的差距。

短暂的失落之后，不服输的精神激发了我的决心：“不为彼岸只为海”，不管结果如何，一定要让过程留下我清晰的印记。结果无法预料，用拼搏和努力让过程完美地呈现，让自己的评选之路不留遗憾，才更有意义。

为了更好地提升自己，挑灯夜读成了我的家常便饭，路灯下我和省内同行长达数小时的电话激辩成了生活常态。机会总是留给有准备的人，在接下来的考核中，从名师工作室验收开始，教师发展学校验收、封闭考核、演讲答辩、校长答辩环节我一路领跑，始终保持小学组总分第一名的好成绩，最后被评为2014年度“中原名师”。

为了突破专业发展的瓶颈，我逐步从个体发展走向群体发展。成为“中原名师”之后，我带领工作室成员以“提炼每个人的教学主张”为主题，开展了深层次的研究，走出相对狭隘的圈子，深入探究教育的本质，成为有一定影响力的实践者。

2016年，我联合全省“中原名师”小学数学名师工作室，构建了全省第一个“中原名师”共同体，突破名师工作室单打独斗的研讨传统，体现了前沿性、公益性、发展性，融会了小学数学名师工作室的研究成果。这种新的共同体生活方式，吸引了来自全省近千名教师参与会议，打造了河南小学数学名师的年度学术盛宴。《教育时报·课改导刊》以《迎着光，向思想更深处漫溯》为题对会议进行了专题报道。

在实践中肩负起“点灯人”的责任，带领更多的数学名师向着明亮的方向前行，是我义不容辞的责任。

一系列的自我突破活动，使生命个体找到了归属感，在抱团成长中更清楚地找准目标和定位，成长动力被更好地激发出来，凝聚成破茧成蝶的力量。

成长就是一次次勇于突破、不断收获的过程。2016年，我被河南教育新闻中心评为“河南年度教育新闻人物”。站在更高的舞台上，我深知，这是对我的成长给予的肯定。

我原想收获一缕春风，成长却带给我整个春天。每一座奖杯，我都放在心灵最重要、最显眼的位置。这一座座奖杯，给予了我充分的信心和强大的力量。

心在哪里，舞台就在哪里。

我用笔记下的是三次成长的蜕变。在未来的成长之路上，我相信还会有更多次的蜕变。我一定会在成长路上不忘初心，砥砺前行，实现一次次完美的成长蜕变。只要坚守做明师的梦想，就一定会编织出美丽的教育童话，书写自己的教育传奇。

刘忠伟

2018 年 7 月 28 日